THEME 60

超簡單！
關西近郊
排行程

5大 區域　**27**條 路線　**250⁺**個 食購 遊宿

一次串聯！

1～2日行程讓新手或玩家都能輕鬆自由行

目錄

玩日本 行程規畫術

P009…行程規劃的第一步該怎麼做？

P010…我應該怎麼決定這次旅行的範圍呢？

P011…玩一趟日本大概要準備多少錢呢？

P012…從台灣有哪些航班到東京近郊？

P014…除了找旅行社，我還能怎麼買機票？

P015…我要怎麼選擇住飯店還是旅館？

P016…怎麼決定住宿地點？

P017…在日本搭電車好可怕？

P018…日本鐵道發達，坐火車好玩嗎？

P020…在日本搭公車路線都好複雜？

P021…在日本要如何用自動售票機買票或加值呢？

P022…有什麼推薦的體驗活動？

P023…哪些景點適合參加一日遊旅行團，怎麼選擇？

P024…我想要租車，要考慮什麼呢？

P026…可以開旅行必備品的清單給我嗎？

P027…旅行中有什麼實用的APP？

P028…關西近郊區域圖

P030…關西近郊鐵道圖

奈良縣排行程

P034…從機場、京都大阪市區要搭什麼車進入奈良縣？

P035…有什麼優惠車票適合我？

P036…奈良縣的東西南北馬上看懂

P038…歷史悠久 古都奈良經典行程
#大佛 #小鹿 #東大寺 #奈良町 #老街

P042…橿原・今井町 一日散策行程
#橿原神宮 #天皇古墳 #今井町 #老屋 #古街

P046…吉野山參拜一日行程
#吉野山 #世界遺產 #吉水神社 #吉野櫻 #葛餅

P050…明日香村 老寺古墳文化深度2日旅
#飛鳥 #橘寺 #聖德太子 #古墳 #歷史遺跡

P056…室生・宇陀・曾爾 奈良近山開車
自由2日行
#高原 #溫泉 #室生寺 #芒草花 #老屋新生

P062…深入山林 洞川溫泉兩天一夜漫活行程
#名泉 #鐘乳石洞 #溪流 #森林 #修驗道

P068…十津川瀞峽・小邊路山里秘境二日遊
#瀞峽 #峽谷乘船 #熊野信仰 #渡橋證明 #療傷溫泉

和歌山縣排行程

P076…從機場、京都大阪市區要搭什麼車進
入和歌山縣？

P077…有什麼優惠車票適合我？

P078…和歌山縣的東西南北馬上看懂

P080…和歌山城・小玉電車一日滿喫
#日本名城 #小玉電車 #貓站長 #和歌山拉麵 #美術館

P084…加太一日散策小旅行
#神社巡禮 #鯛魚電車 #海水浴場 #絕美海景
#賞日勝地

P088…那智勝浦 山林神社、海浦美食一日
勝景玩不停
#那智大社 #熊野三社 #黑鮪魚 #溫泉旅館 #海

P092…熊野古道探訪 一日小旅行
#古道 #世界遺產 #本宮大社 #溫泉 #巴士

目錄

P096…高野山 兩天一夜宿坊心靈小旅行

#宗教聖地 #壇上伽藍 #金剛峯寺 #精進料理
#纜車

P102…白浜溫泉 泡湯尋景兩日近郊旅行

#海景溫泉 #親子共遊 #動物園 #海鮮 #黑鮪魚

三重縣排行程
P110…從機場、京都大阪市區要搭什麼車前
　　　往三重縣？

P111…有什麼優惠車票適合我？

P112…三重縣的東西南北馬上看懂

P114…伊勢神宮參拜一日行程

#豐受大神宮 #皇大神宮 #托福橫丁 #伊勢烏龍
麵 #夫婦岩

P118…松阪 和牛美食、城下町一日漫遊

#名城 #松阪牛 #舊伊勢街道 #木棉 #便當

P122…伊賀上野 一日忍者體驗行程

#城下町 #忍者博物館 #松尾芭蕉 #俳句 #和菓子

P126…熊野市 品味濤聲與潮風的海邊一日行

#鬼之城 #花窟神社 #七里御浜 #奇岩 #海景

P130…伊勢志摩 海天二日逍遙遊

#半島 #西班牙村 #英虞灣 #珍珠 #海女

滋賀縣排行程
P138…從機場、京都大阪市區要搭什麼車前
　　　往滋賀縣？

P139…有什麼優惠車票適合我？

P140…滋賀縣的東西南北馬上看懂

P142…比叡山・雄琴溫泉 一日順遊行程
#延曆寺 #不滅燈火 #紅葉 #纜車 #雄琴溫泉

P146…近江八幡與彥根城一日玩遊行程推薦
#琵琶湖 #近江牛 #日本國寶城 #彥根喵 #水鄉風光

P150…琵琶湖東・近江鐵道 一日定番行程
#鐵道旅行 #近江牛 #太郎坊宮 #多賀大社 #五箇莊

P154…長浜・竹生島 湖東深入一日遊
#北國街道 #百年老舖 #玻璃館 #竹生島 #黑壁

P158…大津週邊二日 經典景點滿喫之旅
#琵琶湖遊船 #石山寺 #大津港 #驛站 #三井寺

P164…高島市 玩水賞景二日度假行程
#琵琶湖 #水中鳥居 #並木大道 #豪華露營 #自行車

海之京都排行程

P172…從機場、京都大阪市區要搭什麼車前往海之京都？

P173…有什麼優惠車票適合我？

P174…海之京都的東西南北馬上看懂

P176…東西舞鶴 熱門景點一日串聯行程
#海之京都 #紅磚公園 #五老塔 #海鮮 #軍事港

P180…日本三景之天橋立・伊根 一泊二日小旅行
#天橋立 #伊根舟屋 #白砂青松 #遊覽船 #觀光列車

P186…京丹後 海之京都二日樂活漫遊
#金刀比羅神社 #狛貓 #桑拿 #豪華露營 #海灘夕陽

玩日本
行程規畫術

你擔心的，由我們來告訴你～

我不會說日文，不可能
去日本自助啦！

做功課好麻煩哦，
要從何開始？

看那地鐵圖密密麻麻，
我害怕迷路耶……

身邊愈來愈多的朋友自助去日本玩，

總覺得羨慕，卻沒有勇氣踏出第一步嗎？

想要嘗試不被固定行程綁住，

完全能夠自由作主的旅遊形式嗎？

我們了解你因未知而感到卻步，

在這裡，幫你一一點出行程安排的眉眉角角，

快跟著我們一起，

一步一步安排屬於自己的完美行程！

行程規劃的
第一步 該怎麼做？

Step1 考慮想去的範圍、決定天數 ………P.010

Step2 抓預算 ………………P.011

Step3 選擇進出日本的機場 …………P.012

Step4 決定住宿地 …………P.016

Step5 多樣化交通選擇 …………P.017

Step6 延伸豐富行程 …………P.022

我應該怎麼決定
這次旅行的範圍呢？

當要前往日本旅行時，要一口氣玩完全部知名景點，除了有錢更要有閒，
日本比你想像中的還要大，可以玩的東西很多很多！
當要開始安排行程時，最好先決定要玩哪一區域。

Tips

建立Google 「我的地圖」

搜集好
想去的景
點後，至Google
地圖將所有景點全
都點進去。這時各
景點在地圖上的方位便十分清楚。搞
懂想去景點相對位置，掌握方向感是
規畫行程的成功開始！

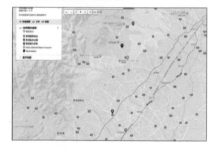

以關西近郊單一城市為主

通常一開始會以單玩一個城市為主。
以西日本為例：
◎只玩奈良，安排5天行程
◎只玩滋賀，安排5天行程
◎只玩三重，安排3天行程
◎只玩和歌山，安排3天行程

單一城市可再互相串聯

有信心的人，可以單一城市再結合近郊景點。
以關西地區為例：
◎京都2天+奈良1天+琵琶湖1天
◎大阪2天+岡山2天
◎京都2天+天橋立2天
◎奈良2天+高野山2天
◎滋賀2天+伊賀上野1天

進階者可串聯多個城市

需要帶著行李移動在多個城市之間，進出機場
與串聯交通都是要注意的。以關西近郊為例：
◎大阪2天+岡山2天
◎滋賀3天+三重2天
◎岡山1天+兵庫2天+京都1天
◎京都2天+北近畿2天
◎和歌山2天+奈良3天

玩一趟日本大概要**準備多少錢**呢？

機票、住宿與一些景點門票，在出發之前心中應該已經有底了。一般來說，日本的食衣住行樣樣都貴，物價約是台灣的2~3倍，當然偶爾還是有撿便宜的時候。

大致物價上可以參考以下的數值：

> 吃東西可以抓
> 午餐¥1,000
> 晚餐¥3,000

周遊日本 JR PASS 最強攻略

購物連結

 食

麥當勞大麥克漢堡¥480
星巴克拿鐵小杯¥449
松屋牛丼中碗¥400
一蘭拉麵¥980
咖啡廳蛋糕¥350~550
懷石料理¥5000~10000

行

JR特急HARUKA關西機場到京都¥3440
近畿日本鐵道(近鐵)1站¥180起
關西地區計程車起跳¥500~650
車站寄物櫃小型¥600起/天

樂

奈良東大寺門票¥600
流行雜誌¥690~1000
看電影¥1000~2000
穿和服¥3000~10000

從台灣有哪些航班到關西近郊？

關西國際機場

關西國際機場位於大阪南部50公里處的人造島，是日本第二重要國際機場，目前有兩個航廈，台灣的航班只有樂桃航空在第二航廈起降，其餘則在第一航廈，兩個航廈間有巴士串聯。進出京阪神地區，大多人都會選擇由關西國際機場進出，不但距離大阪市區近，前往關西各地的交通系統、套票更是完善，是旅人心目中玩京阪神的不二選擇。

航空公司：
樂桃航空
中華航空(與日本航空聯航)
長榮航空(與全日空聯航)
台灣虎航
星宇航空

中部國際機場

三重縣就位在愛知縣旁邊，想前往三重，最方便的交通方式是從名古屋中部國際機場進出，或是也可以從關西空港進出，然後以鐵道、或是船搭配巴士都相當方便。

航空公司：
樂桃航空
星宇航空
中華航空
台灣虎航

福井縣

若峽灣

岐阜縣

鳥取縣

京都府

琵琶湖

滋賀縣

愛知縣

兵庫縣

岡山縣

中部國際機場

伊勢灣

⊕岡山機場

小豆島

大阪灣

三重縣

直島 豐島

關西國際機場

高松

淡路島

大阪府

香川縣

奈良縣

德島縣

熊野灘

和歌山縣

高知縣

歡迎光臨到岡山

岡山機場 從台灣目前可直飛岡山機場，如果在旅遊旺季時訂不到這些機場的機票的話，建議可以改從大阪的關西國際機場做為出入口，因為大阪到岡山有新幹線，交通相當方便，可作為候補機場。

航空公司：
台灣虎航

富士山靜岡機場

除了找旅行社
我還能怎麼買機票？

使用比價網

利用Skyscanner、Expedia、Trip.com等機票比價網，只要輸入出發、目的地與時間，就能把所有航班列出來！

優點
◎簡單方便
◎全部航班一次列出，一目瞭然

缺點
◎票價非即時
◎許多網站為境外經營，客服不好找且可能有語言問題

至官網查詢

至每一個航空公司的官網查詢航班，最能夠了解該航空公司的所有航點與航班，傳統航空大多買來回票比較划算，廉價航空可買單程票。

優點
◎要退票改票較方便
◎遇到特價促銷最便宜

缺點
◎需要一家一家比較

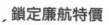 **Tips**

鎖定廉航特價
■廉航(LCC, Low Cost Carrier)票價便宜，不過廉價航空規定與傳統航空不同，事前一定要弄清楚。

所有服務都要收費

託運行李、飛機餐、選位都要加價購，隨身行李也有嚴格限重，就連修改機票也要付費。

誤點、臨時取消航班

遇上航班取消、更改時間的話，消費者有權免費更換時段一次，誤點則無法求償。

紅眼航班

大多是凌晨或深夜出發的航班，安排行程時別忘了列入考量。

我要怎麼選擇
住飯店還是旅館？

訂房時，決定因素不外乎是**「價格！地點！交通！」**交通、地點好的飯店一定搶手，價格也稍貴；若以價格為考量，則是愈早訂房愈便宜。一般來說，日本的住宿可分為以下幾種：

飯店 擁有優越的地理位置或環境，服務體貼、室內空間寬闊，以及完善的飯店設施，適合想在旅行時享受不同住宿氛圍、好好善待自己的旅客。

溫泉旅館 孕育自日本的溫泉文化，特色露天溫泉浴場、傳統與舒適兼備的和風空間，或是可在房內享用的懷石料理，住宿同時也能體驗日式文化的精華。

連鎖商務旅館 多為單人房和雙人房，乾淨的房間、衛浴、網路、簡單早餐，符合商務客和一般旅客需求。東橫inn、Dormy inn和SUPER HOTEL都是熱門選擇。

青年旅館 划算、簡單的住宿，也有套房或雙人房，但主要是宿舍式床位，衛浴公用，大多設有公用廚房、付費洗衣設備，還有交誼廳讓旅客聊天交換訊息。

民宿 民宿的主人、建築特色和當地料理，都是吸引人的特點。民宿房間通常不多，設備也較簡單，日式西式、單獨或共用衛浴都有。因為是私宅，大多都設有門禁。

膠囊旅館 膠囊旅館雖然只是個小空間，卻也有床、插頭、WIFI，衛浴共用，豪華一點的還有電視、保險箱。床位大多以拉簾遮蔽，擔心隱私與隔音效果的人不建議入住。

公寓式飯店 長住型飯店有著與旅館不同的氣氛，坪數寬廣，廚房、客廳、臥室等空間齊備，旅客可以度過悠閒時光，在此找到真正的生活感、休息與放鬆。

懶人**看這裡**就對了！

類型	飯店	溫泉旅館	連鎖商務旅館	青年旅館	民宿	膠囊旅館	公寓式飯店
背包客、省錢			◎	◎	◎	◎	
小資族、精打細算			◎		◎		
家族旅行、親子旅行	◎	◎			◎		◎
渡假、高品質	◎	◎					◎

Tips 訂房時被要求輸入姓名的平假名、片假名？

日本在訂票、訂房，常被人詬病的便是需要輸入姓名的平假名／片假名拼音。若是遇到這種網站，卻又不會日文的話，可以使用「Name變換君」網站，只要輸入中文姓名，便會自動變換成日文拼音哦！

Name變換君

怎麼決定住宿地點？

滋賀 從京都站、大阪站搭乘JR東海道本線前往較便利。或是可以入住滋賀的大津站附近，房價比京都更便宜。

城崎溫泉 地理位置較北，路途相較遙遠，建議可以落腳京都、大阪、神戶等站附近，搭乘直達的特急列車前往。

天橋立・伊根 一般多從京都站搭JR到天橋立，接著轉乘丹後海陸交通巴士，路途頗遠，建議出發前就落腳京都站周邊。

和歌山 最方便的是從南海難波搭乘南海電鐵前往和歌山、高野山，也可利用JR阪和線直達，大阪、難波、天王寺都是可考慮的住宿地。

伊勢志摩 利用近鐵列車前往可省下轉車麻煩，大阪難波、京都等近鐵站周邊都不錯。

山陰山陽 住在山陽新幹線沿線大站，像是岡山、新大阪等地，再換成地方鐵道前往各景點。

不用擔心，住房問題我來解答！

Q 一般飯店房型有哪幾種

A

single／シングル／單人房：一張床
twin／ツイン／雙床房：兩張床
double／ダブル／雙人房：一張大床
triple／トリプル／三人房：可能是一大床、一小床或三張小床的組合
ladies floor／レディースフロア／女性專用樓層：只供女性入住

Q 我帶小孩一起出門，幾歲以下免費呢？

A

一般規定為入學年齡（6歲）以下的兒童免費，但還是以各旅館規定為準。

Q 日本需要放床頭小費嗎？大概多少？

A

服務費都已包含在住宿費用裡，因此並不需要額外支付小費。

Q 一般飯店有供餐嗎？

A

大多數飯店設有餐廳，會提供餐點。但是否提供「免費」早餐，則不一定。有的時候房價便已經包含早餐，有時則是「素泊」並不包餐，訂房時要注意。

在日本搭電車好可怕？

第一次自己在日本搭電車？不用緊張，其實在日本搭電車就跟在台灣搭捷運、台鐵火車、高鐵一樣簡單。只要注意要搭的路線，了解各家私鐵、JR、地下鐵的差異，一切就解決啦！

> 把地下鐵當做捷運來想就對了！

JR西日本 包含廣大的關西至北陸，連山陰山陽都是其範圍。範圍十分廣，所提供的PASS也十分實用，是玩西日本最常被使用的交通系統。

JR東海 紀勢本線路線涵蓋三重縣至和歌山縣，從龜山站至新宮站由JR東海營運，新宮站至和歌山改由JR西日本。參宮線則因應伊勢神宮的參拜人潮而特別設計，串聯多氣郡至鳥羽市的鐵道路線

近鐵電車 京都以東，一路延伸至奈良、三重、名古屋地區的超大私鐵。搭乘特急列車需要另外付費，也有PASS可以購買。

南海電鐵 南海電氣鐵道主要運轉區間在大阪南部至和歌山、高野山一帶，也連結大阪難波與關西機場之間的交通。因為高野山在2004被聯合國教科文組織登錄為世界遺產，使得通往高野山最方便的交通路線——南海高野線受到日本各地與外國人觀光客的注意。

京阪電車 京阪本線在三條站與地下鐵東西線的三條京阪站相交，是市巴士在市區內最大的停靠點之一。

叡山電車 屬京阪電車旗下，起站為出町柳站，鞍馬線通往貴船、鞍馬，叡山線則可在八瀬比叡山口站下車轉乘纜車到比叡山延曆寺。

岡山電氣軌道 岡山市內交通以路面電車與巴士為主，暱稱為「岡電」的路面電車有兩條路線，分別為行駛於岡山站前~城下~東山之間的東山線，以及行駛於岡山站前~西川綠道公園~清輝橋間的清輝橋線。

> 就像悠遊卡、一卡通一樣便利～

① 普通車、特急、新幹線

Tips 除了地下鐵之外，JR與私鐵皆有依停靠站的多寡來劃分車種，一般來說，搭乘快車都需要額外支付「特急券」的費用，而這種情況下，還有可能分為指定席、自由席等，價格也會依距離、車廂而有所不同。而新幹線則是JR串聯全國的快速列車，像台灣的高鐵也是使用日本新幹線系統。通常在作長程旅行時才會搭乘，若只是在城市中則無需理會。

② ICOCA

Tips JR西日本發行的ICOCA除了可通用於地下鐵、阪急、阪神等各家私鐵系統以外，現在更與東京的Suica通用，就連其他地方的Kitaca、TOICA、manaca、SUGOCA、nimoca、はやかけん等日本各地票卡也都已經整合，是懶人的最佳乘車工具。

日本鐵道發達
坐火車好玩嗎？

日本熱愛鐵道的人十分多，發展出許多特殊的鐵道玩法，讓坐車不只是交通移動，更可以是行程中的一個亮點！東日本範圍有許多特殊列車，若時間剛好可以配合不妨前往搭乘。

近江鐵道 品酒電車

近江鐵道推出季節性的啤酒列車與地酒列車，讓乘客能在列車上暢飲生啤酒、品嚐地方特色美食。

丹後鐵道 黑松號

丹後鐵道近年來為了發展觀光，請來鐵道設計大師水戶岡銳治，以天橋立白沙青松改造了三輛列車：黑松作為預約制餐廳列車運行，赤松是預約制咖啡屋列車，青松則是一般普通列車。

伊賀忍者電車

走在伊賀鐵道上的忍者電車的列車外觀是由漫畫《銀河鐵道999》的作者松本零士所設計，綠色、粉色、藍色3種不同忍者角色運行在鐵道上，穿梭於伊賀鄉間風景。

南海電鐵 鯛魚電車

南海電鐵將代表加太與幸福的「鯛魚」化作列車,並結合加太的淡嶋神社「緣結」的特色,吸引許多女性前來搭乘。

近鐵島風號

從大阪難波、京都、名古屋各地發車的近鐵特急列車,特殊造型與強大的觀光功能,比一般的特急列車更有趣、更有品味。

線上預約最確實

Tips 幾乎所有的觀光列車皆需要事先預約,如果待在日本時間長一些,可以在乘坐列車的三天前至車站窗口劃位購票,若是一抵達日本便要搭乘,則可透過網路訂票,或至台北代理旅行社預訂。

小玉電車

誕生於2009年的小玉電車,外觀畫滿了小玉可愛的模樣與動作,而車子內部更是可愛,除了滿滿的小玉之外,木頭裝潢呈現沉穩的氣氛。

在日本搭公車
路線都好複雜？

主要有市區公車和長距離巴士兩種。在部分日本地區，使用公車可能比鐵路更為方便。另外還有長距離聯絡的高速巴士和夜間巴士，可以為精打細算的旅客省下不少旅費。

公車乘車step by step

尋找站牌、上車
依照要前往的方向尋找正確站牌。

前方看板顯示下車站，
對照整理券號碼確認應付金額
電子看板會顯示即將抵達的車站。因為是按里程計費，因此另一張表格型的電子看板會隨著行車距離，有號碼和相對應的價格。

到站按鈴，從前門投幣下車
和台灣一樣，到站前按鈴就會停車。從駕駛旁的前門投幣下車，將整理券和零錢一起投入即可。如果沒有零錢也可以用兌幣機換好再投。

Tips

搭公車不知道下車該付多少錢？

依距離計費的公車，在上車時都有抽取整理券的機器。整理券是用來對應區間、確認車資，如果沒有這張券的話，下車時就得付從發車站到下車站時的車資，所以建議上車時一定要記得抽取。

高速巴士、夜間巴士是坐車時付錢嗎？

高速巴士和夜間巴士需要購票後才能搭乘。雖然現場有空位的話還是可以買票後馬上坐，但因為沒有站票，若遇到連假或尖峰時間很可能會沒位可坐。所以推薦預先透過網路訂票，再到便利商店付款取票。若整個行程天數較多，在乘車日前幾天先繞去把票買好，就不用擔心當天沒有票可買。

在日本要如何用自動售票機**買票**或**加值**？

自動售票機購票

Step1
在票價表找出目的地，
便可在站名旁看到所需票價。

Step2
將銅板或紙鈔投進售票機。

Step3
按下螢幕的「きっぷ購入(購買車票)」。

Step4
接著按下所選目的地票價即可。

交通儲值卡ICOCA

由JR西日本推出的ICOCA是類似台北捷運悠遊
卡的儲值票卡，只要在加值機加值便能使用，
如果卡片中餘額不足，無法通過改札口，則必
須在精算機精算出餘
額，也可以直接在精算機加值。

Step1 找到精算機
通常改札口旁都會設有精算機，上方會寫有
「のりこし」和「Fare Adjustment」。

Step2 將票放入精算機

Step3 投入差額
可選擇投入剛好的差額(精算)
或儲值(チャージ)。

Step4 完成

我想要租車
得考慮什麼呢？

離開都會區，許多潛藏的優美景點卻沒有大眾交通工具可以到達，要盡覽迷人風光，開車旅行是最佳方式。但在異國開車心中總是不太踏實嗎？該注意的我們幫你整理在這裡：

先注意這些事

◎只玩各大主要城市可避免租車
◎記得在台灣申請駕照譯本、並攜帶駕照正本
◎保全險是一定要的
◎事故擦撞一定要報警，保險才會理賠

日文譯本駕照

2007年9月開始，日本政府正式承認台灣駕照，只要持有本國駕照的日文譯本就可以在日本合法開車，輕鬆上路。

地點：全台各地的監理站或監理所可辦
價格：100元

緊急求助

很多路標下方會加設指示牌，顯示所在地內相關的道路情報中心的電話號碼。遇到緊急狀況，可致電給他們，或是租車公司、JAF的緊急救援電話尋求援助。

JAF道路服務救援專線
電話：0570-00-8139

Tips ① 先查好景點 **Map Code**

日本租車時，利用車上的導航，除了輸入地點的地址、電話之外，亦可以輸入Map Code來進行設定。通常若是不會日文，建議可以事先查好Map Code，要輸入時才不會手忙腳亂。

Tips ② 休息站

開車時見到大大的「道の駅」指示，就知道休息站到了。日本的休息站與台灣的一樣，提供休憩空間及餐飲，其中有許多擁有美麗的視野，並販售當地知名的美食，開車經過時，不妨就進去小憩片刻。

Tips ③ 注意額外費用

人多共乘自駕，看起來好像很省錢，其實除了租車、保險的費用之外，加油費、停車費、快速道路過路費等都是一筆不小的花費，有時候還不如搭火車比較省錢又省力呢！

高速道路

關西地區幅員廣大，利用高速公路可以省下不少的交通時間，缺點就是費用稍貴。想進入高速道路，順從導航系統的指示開車(設定時選「使用有料道路」)，途中的綠色看板即為高速道路的專用標誌。若車上沒有ETC卡，即開往「一般」車道，因日本高速道路的收費方式為「入口取通行券，出口付過路費」，在入口處的發券機抽領通行券後即可上高速道路。抵達道路出口時，放慢速度，通常出口附近都有價目表可查看，在收費站將通行券交給收費員並支付費用，即可順利出高速道路。

推薦網站

◎查詢高速道路費用
ドラぷら JP www.driveplaza.com

◎規劃路線
YAHOO! JAPANロコ JP maps.loco.yahoo.co.jp
Google地圖 JP maps.google.com.tw
NAVITIME JP www.navitime.co.jp

公路常見用字

IC：Interchange，交流道。
JCT：Junction，系統交流道，也就是兩條以上高速公路匯流的地方。
PA：Parking Area，小型休息站，通常有廁所、自動販賣機，餐廳則不一定。
SA：Service Area，這是指大型休息站，廁所、商店、餐廳齊全以外，一般也設有加油站。

開車實用日文

異地還車
乗り捨て
no-ri-su-te
※意指甲地借、乙地還，不同區間則需要外加費用。

折價、優惠
割引
wa-ri-bi-ki

衛星導航
カーナビ(car navigator)
ka-na-bi

車禍
交通事故
ko-tsu-ji-ko

收費道路
有料道路
yu-ryo-do-ro

◎實用會話
請問這個地址在哪裡？
ここの住所を教えてください。
ko-ko no jyu-syo wo o-shi-e-te-ku-da-sai.

受傷了
ケガをしました。
ke-ga wo shi-ma-shi-ta.

拋錨了
故障しました。
ko-syo shi-ma-shi-ta.

車子該停在哪裡？
車はどこに停めればいいですか。
ku-ru-ma wa do-ko-ni to-me-re-ba ii-de-su-ka.

車子不能發動
車が動かない。
ku-ru-ma ga u-go-ka-nai.

反鎖了
鍵を閉じ込めました。
ka-gi wo to-ji-ko-me-ma-shi-ta.

爆胎了
パンクです。
Pan-ku-de-su.

電瓶沒電了
バッテリーが上がりました。
batte-ri ga a-ga-ri-ma-shi-ta.

沒油了
ガス欠です。
Ga-su-ke-tsu-de-su.

有停車場嗎？
駐車場はありますか。
chu-sha-jo wa a-ri-ma-su-ka.

哪些景點適合參加一日遊旅行團,怎麼選擇?

若對郊區交通較無自信的人,也可以適當地穿插一些一日團體行程,將行程延伸至交通較麻煩的景點,同時也能保留都心的自由行程。以東京周邊為例,通常會以都心為據點,參加前往東京近郊的行程。這類行程有包餐、不包餐,包門票、不包門票的區別,選購時可以多方比較。推薦可以選擇的團體行地點:

琵琶湖 這座日本最大的湖泊如一顆梨形的藍寶石鑲在滋賀中心,自古以來琵琶湖以擁有日本最美的景色而名揚天下,因為面積十分遼闊,以旅行團的方式安排行程,時間會更加充裕。

城崎溫泉 城崎溫泉位於兵庫縣北海岸附近,自行搭車前往較花時間,不妨選擇一日巴士行串連周遭行程最為方便。

天橋立 與城崎溫泉相同,由於天橋立離市區較遠,特地前往一定要串聯周邊才值回票價。如果沒有自駕,還是選擇參加團最輕鬆。

高野山 山林蔥鬱的高野山為佛家密教真言宗的根本道場,也因為山上佛寺眾多,逛起來並不輕鬆,因此利用巴士作為代步工具會輕鬆許多。

白濱 和歌山的白濱被稱為日本三大溫泉地之一,若參加旅行團不但能看到最多景點,

還可以品嚐到道地餐食,且大多會配合溫泉住宿,值得體驗看看。

想參加團體行程,有建議的旅行社嗎?

KKDay、KLOOK等旅遊平台網

近年來興起的旅遊平台網,不只可以購買優惠票券,也販售不少東京出發的一日旅行團。這類行程大多以拼團的方式進行,但好處是導覽能以華語導覽,在解說行程與時間時能夠精確溝通,不怕雞同鴨講。

有什麼推薦的**體驗活動**？

奈良公園餵鹿

到奈良公園看鹿已經成為旅客到奈良的定番行程，上千隻鹿三三兩兩散布在公園裡，可以在這裡購買鹿仙貝餵食牠們，但是要注意不要不小心被搶食的鹿群攻擊到了。

若草山夜景

山勢不高的若草山得以享有盛名，是因為每年正月的第四個週六是燒山祭；在嚴冬之際熊熊燃燒的若草山，可說是奈良最不容錯過的景觀之一。平時則是綠草香、白雲飄的踏青好去處，登上山頂更可遠眺奈良市區。

行程安排小提醒

Tips

· 熱門點挑平日

熱門旅遊地平常就已經夠多人了，若是遇上日本連假，不僅人潮更多，飯店也會漲價，尤其要避開日本黃金週(5月初)及新年假期(12月底~1月初)，才不會四處人擠人。

· 確認休日

心中已有必訪景點、店家清單時，別忘了確定開放時間，以免撲空。

· 決定備案

旅行途中因為天氣、交通而掃興的例子很多，不妨在排行程時多安排一些備案，如果A不行，那就去B，這樣會更順暢。

手作藍染體驗

豐臣秀長制定箱本十三町時，紺屋町即是集結了眾多藍染職人的城鎮。現在的箱本館紺屋是利用舊奧野家所經營的一間以藍染為主題的展示設施，不但能夠參觀房子建築，還能在這裡親手製作獨一無二的藍染布料。

獨木舟參拜

白鬚神社的巨大湖中鳥居，是高島市的代表美景，除了站在岸邊欣賞外，更可以划著獨木舟穿越過鳥居。專營戶外活動的GOODTIMES，就提供這樣的獨特行程，跟著教練學好獨木舟技巧後，就一起整裝出發。

醬油製作體驗

延續著湯淺800年來最早開始製作醬油的歷史軸線，在創業一百多年的湯淺醬油裡，可以透過20分鐘的免費見學體驗，看見這傳統的古式醬油釀造法之外，更能親自DIY，自己試試製作一瓶獨特的專屬醬油風味。

可以開**旅行必備品**的清單給我嗎？

旅行中，每個人所需要的東西不太相同。除了一些較私人的物品之外，這裡列出一般人會需要的東西，以供參考：

證件

☐	護照／影本
☐	身份證
☐	駕照日文譯本
☐	駕照正本
☐	備用大頭照2張

行程相關

☐	外幣現鈔
☐	少許台幣現鈔
☐	電子機票
☐	預訂飯店資料
☐	預訂租車資料
☐	行程／地圖
☐	導覽書

電子產品

☐	手機充電線
☐	相機／記憶卡／電池
☐	行動電源
☐	筆電／平板

衣服配件

☐	上衣
☐	褲子
☐	備用球鞋
☐	襪子
☐	內衣褲
☐	外套
☐	圍巾
☐	泳衣
☐	帽子
☐	太陽眼鏡
☐	雨傘

清潔護膚用品

☐	洗臉用品
☐	牙刷／牙膏
☐	防曬乳
☐	化妝品
☐	毛巾
☐	梳子

常備雜物

☐	自己的藥
☐	腸胃藥
☐	蚊蟲咬傷用藥
☐	OK繃
☐	水壺
☐	小剪刀／水果刀
☐	面紙/濕紙巾

旅行中有什麼實用的APP？

沒時間先搞懂交通，只要有這些APP就不怕會迷路。以下是到日本旅遊時實用的交通系APP，建議大家事先安裝好，才可以隨時應變。

乘換案內

搭車、轉車時的好幫手。日本全鐵道系統皆支援。只要輸入出發站與目的站的日文名稱，便能提供多種交通選項，搭乘月台、車資等也都清楚標示。

NAVITIME for Japan Travel

針對外國旅客推出的旅遊APP，不僅有WIFI、寄物等服務資訊，也有文化介紹，最方便的要屬轉乘搜索功能，可以直接從地圖點選車站。

※此APP檔案較大且需要簡單設定，出發前記得先安裝好。

日本上網推薦

日本 SIM 網卡

　挑選網卡攻略，選購前確認日本三大電信，網速穩定又快速，訊號覆蓋範圍足夠。

　三用卡隨插即用，天數及流量方案適合本趟旅程，更有最新的5G超高網速吃到飽方案。

日本 SIM 網卡推薦 ✈

- 4G網路、5G網路訊號
- 流量方案分吃到飽、總量
- 天數彈性，依天數選購
- 收訊穩定、口碑評價優良之商家
- 取貨方便多樣可選
- 後續客服支援

欲購請掃描

實體網卡

日本 eSIM

　無紙化最新數位eSIM，出國再也不用排隊買網卡，下單收到QRcode，掃描安裝即可用，免換卡、無卡片弄丟風險，臨時加購網卡也OK！

使用 eSIM 上網優點 ✈

- 掃描安裝就能用
- 免寄送、省運費
- 4G、5G、吃到飽多種方案
- 免換卡，可收原台灣門號簡訊

欲購請掃描

數位eSIM

★ 另有 WiFi 機租借，請恰翔翼客服

關西近郊大地圖

福井縣

岐阜縣

城崎溫泉
伊根
若峽灣
三方五湖
敦賀

天橋立
豐岡
宮津
舞鶴
小浜
長浜
琵琶湖

福知山
京都府
滋賀縣
彦根
近江八幡
名古屋

兵庫縣
比叡山
東近江
愛知縣

京都
大津
貴生川

姬路
伊勢灣

大阪
奈良
伊賀上野
津

神戶
大和郡山
奈良公園
松阪

大阪灣
大和八木
宇陀
三重縣

關西國際機場
明日香村
鳥羽

大阪府
五條
吉野山
伊勢

淡路島
和歌山市
志摩

加太‧友ヶ島
和歌山
高野山
奈良縣

湯淺
十津川村
熊野灘

熊野古道
瀞峽
熊野

和歌山縣

白浜
熊野三山
新宮

那智勝浦

關西近郊地鐵圖

奈良縣排行程入門指南

京都府
滋賀縣
三重縣
和歌山縣
奈良縣

奈良是日本在京都之前的首都，至今仍保有小城風味，寧靜自在的氛圍為古都增添說不出的魅力。除了北邊的3大世界遺產寺廟：法隆寺、藥師寺、唐招提寺之外，奈良南邊的名勝更加古樸自然，適合悠閒的自助小旅行，體驗奈良古典世界。

Q
我到奈良觀光要留幾天才夠？

A

奈良是一個充滿歷史文化和自然景觀的城市，一般建議至少安**排2至3天的行程**。遊覽奈良公園、東大寺和**興福寺等主要景點**外，也別忘了參觀今井町和奈良町的古老街區。如果時間充裕，可以再**安排到近郊的吉野山、洞川、室生等地欣賞**美麗的自然風光。

Q
天氣跟台灣差很多嗎？

A

奈良屬於溫帶氣候，夏季雖然較熱，但不像台灣那樣潮濕悶熱。**冬季時比京阪神市中心還冷一些**，不只山區，連平地有時會下雪。春秋兩季氣候宜人，雖然較適合旅遊，但早晚溫差大，**建議以洋蔥式穿搭，比較不會著涼**。

Q
什麼季節去最美？

A

奈良四季皆有不同的美景，但最推薦的季節是春秋兩季。春季（3至4月）櫻花盛開，尤其是吉野山的櫻花景色絕美。秋季（10至11月）楓葉變紅，景色非常迷人，適合拍照和散步。夏日登若草山望遠，秋季公園踏青享野趣，冬日參拜香煙裊裊，春天至神社前盡賞繁花。

有了基本認識後，現在就來打造最適合自己的旅遊行程吧！

從機場、京都大阪市區
要搭什麼車進入奈良？

從關西國際機場出發，可以搭乘JR關空快速到天王寺站，然後轉乘JR大和路線（關西本線）到奈良站，或者從機場搭乘南海電鐵到難波站，再轉乘近鐵奈良線到近鐵奈良站。從大阪市中心出發，最方便的方式是搭乘JR大阪環狀線到鶴橋站，

再轉乘JR大和路線到奈良，或者在大阪難波站搭乘近鐵奈良線直達近鐵奈良站。從京都出發則可以搭乘JR奈良線直達JR奈良站，這是最直接的方式。另外，也可以選擇在京都站搭乘近鐵特急列車，雖然較貴但稍微快一些，列車設施更舒適。

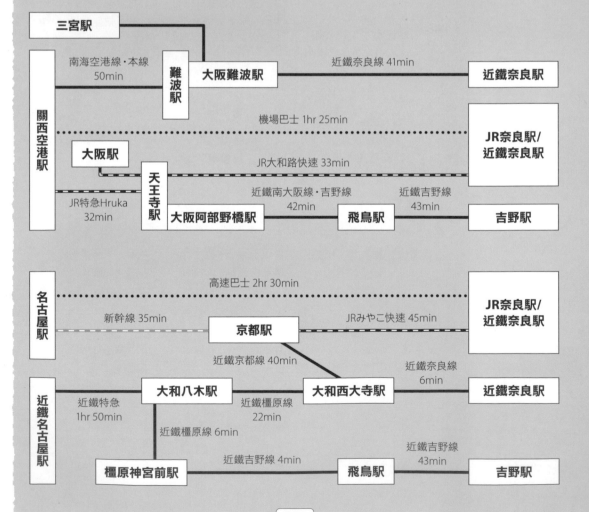

有什麼優惠車票適合我？

	JR關西地區鐵路周遊券 JR Kansai Area pass	JR關西廣域鐵路周遊券 JR Kansai WIDE Area pass	關西周遊卡 KANSAI THRU PASS	近鐵電車周遊券 KINTETSU RAIL PASS
使用區間	JR在來線：西至上郡・播州赤穗、北至日吉、東至米原・敦賀，南至和歌山 京都市營地下鐵 京都市內京阪電車	山陽新幹線(新大阪~岡山) JR在來線：西至倉敷・鳥取、北至城崎溫泉、天橋立、東至米原・敦賀，南至白濱・新宮 丹後鐵道全線 和歌山電鐵全線 智頭急行(上郡~智頭) 西日本JR巴士：高雄・京北線(京都~周山)、若江線(近江今津~小濱)	京都、大阪、神戶、比叡山、姬路、和歌山、奈良、高野山的私鐵電車、地鐵與巴士(有一定範圍)，範圍幾乎涵蓋了整個關西地區	近鐵電車全線 伊賀鐵道全線
價格	1天¥2800 2天¥4800 3天¥5800 4天¥7000	5天¥12000	2天¥5600 3日¥7000	1天¥1800 2天¥3000 5天¥4500 5天Plus¥5900
有效時間	連續1/2/3/4日	連續5日	任選2/3日	連續5日
使用需知	・無法搭乘新幹線 ・僅能搭乘自由席 ・可搭乘關空特急Haruka自由席	・僅能搭乘自由席，否則需另購買特急/指定席券 ・可搭乘關空特急Haruka自由席 ・無法搭乘東海道新幹線(新大阪~東京)、山陽新幹線(岡山~博多) ・可在奈良駅、米原駅、彥根駅、近江八幡駅、石山駅、神戶駅、和歌山駅、白浜駅等站免費租用「車輪君」自行車	・不可搭JR鐵路 ・本票券為磁卡，可走自動改閘口 ・沿線260處主要觀光設施的優惠折扣	・本票券為磁卡，可走自動改閘口 ・乘坐特急列車時，需要加購特急券 ・沿線約70個觀光設施等優惠 ・1天、2天票券範圍只連接京都、大阪至奈良 ・5天、5天Plus票券範圍除了奈良也擴大至近鐵全線 ・5天 Plus包含地方公車路線
售票處	京都、新大阪、大阪、三之宮、關西機場、奈良、和歌山等各站的JR售票處，或在網站、旅行社購買，到日本再至窗口領取票券	京都、新大阪、大阪、三之宮、關西機場、奈良、和歌山、福知山、岡山等各站的JR售票處，或在網站、旅行社購買，到日本再至窗口領取票券	關西機場旅遊專櫃、梅田、難波與新大阪等地的遊客指南中心	關西機場、中部機場、各大近鐵車站等處
官網	www.westjr.co.jp/global/tc/ticket/pass/kansai/	www.westjr.co.jp/global/tc/ticket/pass/kansai_wide/	www.surutto.com/kansai_rw/zh-TW/	www.kintetsu.co.jp/foreign/chinese-han/ticket/
購買身分	非日本籍旅客，購買需出示護照。	非日本籍旅客，購買需出示護照。	非日本籍旅客，購買需出示護照。	非日本籍旅客，購買需出示護照。

奈良縣

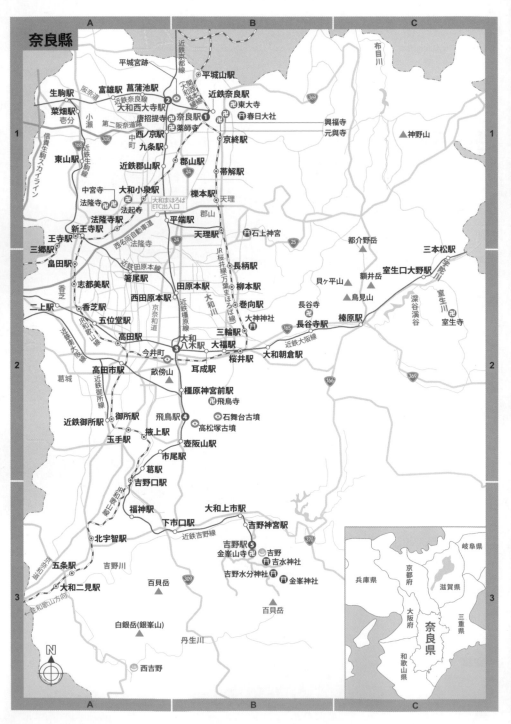

我要住哪一區最方便？

Point! 除了選擇交通便利的地方，想深入玩不妨實際住一晚！

❶奈良駅：

此區域是奈良最主要的觀光景點，在廣達600公頃的奈良公園內就有東大寺、興福寺、五重塔、春日大社、若草山等不可不去的景點；周邊還有小說家志賀直哉舊居、奈良博物館等文化設施，若想多感受古樸的生活氛圍，不妨入住這裡。

❷大和西大寺駅：

大和西大寺有近鐵奈良線、京都線和橿原線的交匯，每日迎來大量通勤乘客，是連接奈良市與大阪、京都的重要節點。這裡也有前往關西機場的利木津巴士，是想要玩遍奈良，又不想要一直轉車的首選住宿地點。

❸大和八木駅：

大和八木位於橿原市，是近鐵大阪線和橿原線的交匯點，也是許多巴士的必經路線。車站構造簡單不會迷路，附近有購物中心、旅館等，適合做為玩奈良南部的中繼站。而橿原一帶也有不少景點，順遊不是問題。

❹飛鳥：

飛鳥地區是日本古文明的起源，約在6~7世紀時成為文化中心而興盛一時，當佛教文明傳來時也是以飛鳥地區作為傳播的起點，飛鳥地區古樸的鄉原景觀及許多散佈在荒野迷樣的巨石雕、古墳遺跡十分迷人，適合入住一晚來趙腳踏車之旅。

❺吉野山：

吉野山是日本許多櫻花原生種的生育地，江戶時代統一天下的豐臣秀吉曾在此召開盛大的賞櫻大會，可見吉野櫻之美。吉野山的自然美中，襯托著古意盎然的歷史寺廟建築，如意輪寺、金峰山寺、藏王堂、吉水神社等都以精細的木工著稱。

奈良縣

歷史悠久
古都奈良經典行程

大佛　小鹿　東大寺　奈良町　老街

至今仍保有小城風味的奈良，寧靜自在的氛圍為古都增添說不出的魅力。夏日登若草山望遠，秋季公園踏青享野趣，冬日參拜香煙裊裊，春日寺前賞盡繁花。就從奈良車站出發，一日在此漫遊吧！

早	**09:04** 近鐵奈良駅 **09:30** 東大寺 大佛布丁 若草山
午	春日荷茶屋／午餐 **14:10** 春日大社 **15:30** 奈良町 興福寺 中川政七商店
晚	KANA KANA／晚餐 **19:30** 近鐵奈良駅

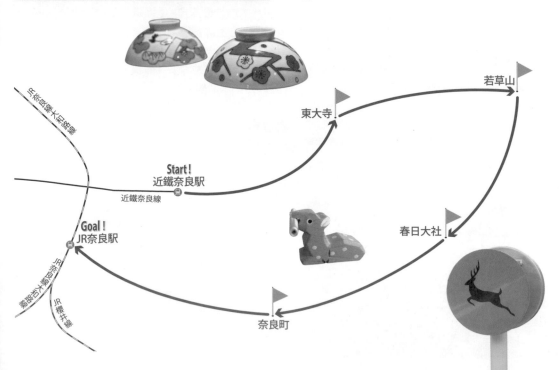

若草山

東大寺

Start！
近鐵奈良駅
近鐵奈良線

Goal！
JR奈良駅

奈良町

春日大社

JR奈良線

JR櫻井線

近鐵難波奈良線

千年古都尋鹿踪 老城裡漫步日本風情

Point! 公園裡處處是小鹿，奈良町小店多很好逛。

Tips 奈良公園與奈良町一帶就可以玩一整天，車站前的商店街也很好逛，時間不要安排太趕！

鑽過大佛殿柱子底部的洞，就可以得到幸福！

Start!

08:20 京都駅 近鐵奈良線
¥1280

電車 **34**分 至近鐵京都駅搭8:30發車的特急指定席

09:04 近鐵奈良駅 近鐵奈良線

步行 **15**分 出站一直順著大宮通往東走即達

奈良公園處處是小鹿，買份鹿仙貝小鹿們就會靠過來了喔！

09:30 ## 東大寺

東大寺為奈良時代佛教全盛時期的代表作，大佛殿，是全世界最大的木造建築，高度超過47公尺，相當於16層樓。寺內僅供養了毘盧舍那佛，是世界最大的銅造佛像。

停留時間 **1**小時

地址 奈良縣奈良市雜司町406 1 時間 4~10月7:30~17:30、11~3月8:00~17:00 價格 ¥600 網址 www.todaiji.or.jp/

步行 **1**分 至東大寺門前夢風ひろば內即有販售

10:30 ## 大佛布丁

停留時間 **15**分

奈良的名物伴手禮大佛布丁，口感香濃有如絲綢般滑順，多元創意口味加上可愛的瓶蓋設計，散步途中買一杯來品嚐，幸福滋味讓人難忘。

地址 奈良縣奈良市春日野町16 東大寺門前夢風ひろば門前市場內 時間 10:00~17:00 價格 大佛布丁-卡士達(小)¥440 網址 daibutsu-purin.com/ 註 在近鐵奈良駅、JR奈良駅等地也都設有分店

步行 **10**分 至東大寺門前夢風ひろば內即有販售

11:00 ## 若草山

嚴冬之際熊熊燃燒的若草山，可說是奈良最不容錯過的景觀之一。平時的若草山則是綠草香、白雲飄的踏青好去處，登上山頂更可遠眺奈良市區。

每年正月的第四個週六是燒山祭。

地址 奈良縣奈良市春日野町 時間 每年3月中至12月中開山 價格 入山¥150 網址 www.pref.nara.jp/item/9270.htm#itemid9270

奈良縣

步行 10分　下山後往春日大社方向前進，位於神苑門口

12:30

春日荷茶屋

停留時間 1小時30分

春日荷茶屋從江戶時期營業至今，除了各種季節點心，更以奈良的鄉土料理「萬葉粥」聞名。選用季節植物作為材料所煮成的粥，每個月份都會調整口味，有的配合節氣，有的則配合時令蔬菜。

地址 奈良縣奈良市春日野町160 春日大社境內
時間 10:30~16:30　休日 週二　價格 萬葉粥 ¥1200　網址 www.kasugataisha.or.jp/ninaijyaya/

步行 1分　經過萬葉植物園即達

春日大社

14:10

停留時間 1小時

本殿位於高大的樹林之間，1.5公里長的參道上兩千餘座覆滿青苔的石造燈籠並立；殿內千餘座銅製燈籠，在每年2月節分與8月的14、15日都會點亮，映照著神社四周茂密參天的原始森林充滿幽玄的美感。

地址 奈良縣奈良市春日野町160　時間 11~2月 7:00~17:00，3~10月6:30~17:30　價格 本殿特別參拜¥500　網址 www.kasugataisha.or.jp/

步行 15分　沿春日大社前表參道直行接三条通即達

15:30

奈良町

停留時間 30分

奈良老街被稱作「奈良最古老的小鎮」，位在猿澤池的南邊小巷內，百年前江戶時代的木造格子窗建築並排著，老街裡還藏著很多家外觀古樸、內部改造得時髦的咖啡屋或茶館。

時間 自由參觀
網址 naramachiinfo.jp/

奈良町格子之家可了解奈良在地的文化與建築。

步行 3分

位在猿澤池畔

16:10

興福寺

興福寺共有3個金堂，其中東金堂是聖武天皇為了祈求元正天皇疾病痊癒而建。地標五重塔高50.1公尺，是日本第二高古寺塔，僅次於京都東寺。

停留時間 **40分**

地址 奈良縣奈良市登大路町48　時間 9:00~17:00
價格 國寶館￥700，東金堂￥300。共通券￥900
網址 www.kohfukuji.com/

猿澤池為興福寺的放生池，可由此觀賞五重塔的倒影。

步行 1分

在奈良町裡

17:00

中川政七商店

停留時間 **30分**

奈良三百多年老店中川政七商店，在奈良町的格子老屋中除了創業所專精的綿麻商品外，一貫的小鹿標結合了奈良在地的文化與特色，將傳統技術與文創設計互相結合。

地址 奈良縣奈良市元林院町31-1　時間 10:00~19:00　價格 ふきん(麻質抹布)￥440起
網址 www.nakagawa-masashichi.jp/shop/default.aspx

步行 2分

在奈良町裡

18:00

KANA KANA

停留時間 **1小時10分**

由老町家改建的室內有舖著榻榻米的日式座席，也有擺上西式桌椅的摩登空間。推薦品嚐店家的招牌餐カナカナごはん。

地址 奈良縣奈良市公納堂13　時間 11:00~19:00
休日 週一　價格 カナカナごはん(招牌套餐)￥1683　網址 kanakana.info/

順著奈良町大通往西走

步行 20分

🚈 **近鐵奈良駅** 近鐵奈良線

19:30

￥780

電車 34分

搭19:41往京都的近鐵京都線急行

20:29

🚆 **京都駅** 近鐵京都線

Goal !

橿原・今井町
一日散策行程

橿原神宮　天皇古墳

今井町　老屋　古街

橿原市是位於日本奈良縣中部的城市。人口數達12萬，為奈良縣內人口第二多的城市。畝傍山東側山麓被認為是過去日本第一代天皇「神武天皇」所住的橿原宮所在地，市名「橿原」也正源自於此。

早	**10:00** 橿原神宮駅 **10:10 橿原神宮** 　　　神武天皇 畝傍山東北陵
午	**12:10 今井町** 　　　今井街道交流中心 華甍 　　　農家のオーベルジュ こもれび 　　　旧米谷家住宅 　　　春日神社 **15:40 Cafe Hackberry**
晚	**17:00** 大和八木駅

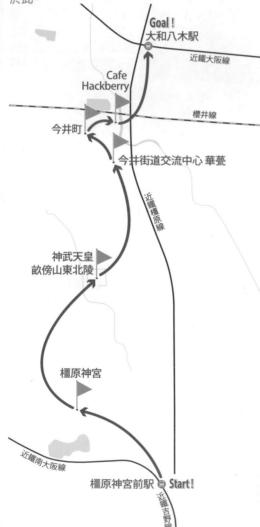

Goal！
大和八木駅

近鐵大阪線

Cafe
Hackberry

櫻井線

今井町

今井街道交流中心 華甍

近鐵橿原線

神武天皇
畝傍山東北陵

橿原神宮

近鐵南大阪線

橿原神宮前駅　Start！

近鐵吉野線

遠離人群 不一樣的歷史街區悠閒散步

Point! 用步行串聯橿原神宮與今井町。

Tips 安排行程時,可以早上先去逛橿原神宮,再一路向北散步,逛完神武天皇御陵後再前往今井町。從橿原神宮走到今井町大約40分鐘,不算太遠。

奈良縣

神武天皇

根據日本神話的記載,神武天皇是天照大神的子孫,為了實現天照大神的神諭,率領族人從日向國(九州的高千穗)開始遷徙,經過了數年的旅行和戰鬥,最終進入大和國(現在的奈良),選擇在畝傍山建造了橿原宮殿,成為了日本的初代天皇。神武天皇建立起日本的政治、經濟、文化基礎,開創了天皇制度,還推行了土地的開墾和耕作、促進農業和手工業的發展,可說是日本歷史的文化重要起點。

Start!

10:00 橿原神宮駅 近鐵

步行 5分 出站後沿著縣道125號直走即達第一鳥居入口

10:10 橿原神宮

停留時間 **1**小時

位在日本第一位天皇「神武天皇」舊宮殿遺址上建立的橿原神宮,主要祭祀的便是神武天皇。這裡雖然建於明治23年(1890年)不算非常久遠,卻因為特殊的歷史地位而被指定為重要文化財,更被譽為是日本國家的原點。

地址 奈良縣橿原市久米町934 **時間** 9:00~16:00
價格 境內免費 **網址** kashiharajingu.or.jp

步行 15分 從北神門往大路走,接到縣道125號後即會看到入口

11:30 神武天皇 畝傍山東北陵

停留時間 **15**分

在奈良地區有不少古墓,而位在橿原神宮北側的,則是神武天皇的長眠之地。這裡的陵墓是座圓形的山丘,隱身在一片樹林之中。跨過河流再沿著參道走5分鐘,便可以抵達。

地址 奈良縣橿原市大久保町 **時間** 自由參觀

陵墓並不開放進入,只能在外頭憑弔。

館內展示今井町的城市模型。

步行 20分 走至縣道161號左轉直走，過馬路再直走即達

12:10

今井街道交流中心 華甍

停留時間 **30分**

「華甍」的建築物建於明治36年（1903年），本是高市郡教育博物館，從昭和4年起作為今井町役場使用，現在則以文化交流中心為使命，提供來訪旅客有關今井町的觀光資訊與歷史資料。

地址 奈良縣橿原市今井町2-3-5 時間 9:00~17:00 價格 免費參觀

今井町

今井町是奈良現存江戶時期建築保存得最好的一個群落，其東西600公尺、南北310公尺的範圍之內，便有500多間從江戶時期保存至今的建築，其中有8間被指定為國家重要文化財、4間縣文化財、5間市文化財。室町末期莊園制度沒落，為了防止別的武士侵略，今井町的四周建有濠溝，形成了一個環濠集落，商業盛及一時，被人稱「海の堺、陸の今井」。

步行 10分 走南尊坊通進入中町筋即達

13:00

農家のオーベルジュ こもれび

停留時間 **1小時**

在百餘年老房子裡的こもれび，挑高的空間與寬闊的桌距，營造出優閒自在的用餐空間。最受歡迎的料理是以明日香村地產野菜為主題的「花籠」套餐，6-7道小缽料理，每日變換的菜色，新鮮又美味，讓人怎麼吃都不會膩。

地址 奈良縣橿原市今井町4-10-6 時間 11:00~14:30，18:00~21:00 休日 週一（遇假日順延） 價格 午餐「花籠」¥1800

人氣必點「花籠」份量不小，還附甜點與咖啡，讓人大大滿足。

步行 3分 往回走至中町筋即達

14:00

旧米谷家住宅

停留時間 30分

在今井町共有8間重要文化財，其中現在並沒有人居住，而是開放給大眾參觀的，就是旧米谷家住宅。這棟建築建自10世紀中，在江戶時代以「米忠」為屋號，做著五金的販售生意。與一般商家不同的是，這裡仍保了寬土間、煙返等農宅才會有的特色。

地址 奈良縣橿原市今井町1-10-11 **時間** 9:00~12:00，13:00~17:00 **休日** 年末年始 **價格** 免費

步行 8分 中町筋向西走到底再左轉即達

春日神社

15:00

停留時間 30分

春日神社坐陣在今井町西南角落的樹林裡，南北兩面被環濠圍起，本社的春日造茅草屋頂雖然規模不大，但亦可看出其格調。今井町以商人城鎮聞名，而在社內也可以見到大阪商人供奉的石燈籠、狛犬等，可見早期兩地商人關係十分緊密。社境內除了有本社、繪馬堂之外，供奉役行者的行者堂、十一面觀音的觀音堂等，可見之處不少，適合前來走走逛逛。

社內的繪馬牆雖不大但很集中，拍起照十分有氣勢。

地址 奈良縣橿原市今井町3-1 **時間** 自由見學

步行 12分 往回走至北尊坊通右轉，到底即達

15:40

Cafe Hackberry

停留時間 1小時

位在今井町東北入口處的古民家咖啡Hackberry，名稱由來便是門前那株400年樹齡的榎木（朴樹，Chinese Hackberry）。一推進門，復古雜貨滿滿，利用建築本體構造，隔出1樓、中2樓與2樓等空間，創造充滿綠意與夢幻感的少女空間。

地址 奈良縣橿原市今井町1-3-3 **時間** 11:00~21:30，週五、六11:00~22:30 **休日** 週二 **價格** 莓果荷蘭鬆餅￥1280 **網址** cafe-hackberry.net/

步行 15分 向北，經過八木西口駅，繼續直行即達

大和八木駅 近鐵

17:00

Goal !

建築本體是橿原市的指定文化財，已有百餘年的歷史。

吉野山參拜一日行程

吉野山　世界遺產　吉水神社　吉野櫻　葛餅

位在奈良中部的吉野山,與和歌山的高野山、三重縣交界的熊野三山同為紀伊山地靈場,並在2004年時因其特殊的文化景觀而被登錄為世界遺產。這片區域是神道自然信仰與密宗佛教結合後產生的修驗道靈場,簡單來說就是修道者的聖域,氣氛空玄靈靜。

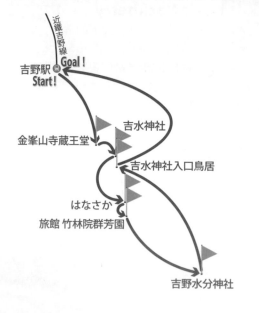

早	**08:30** 近鐵吉野駅 **09:00** 金峯山寺蔵王堂 **10:15** 吉水神社
午	**11:25** はなさか/午餐 **12:40** 竹林院群芳園 **13:55** 吉野水分神社 **15:30** 吉水神社鳥居前 　　　柿葉壽司醍予 　　　八十吉 本店 　　　横矢芳泉堂
晚	**18:00** 近鐵吉野駅

地圖標示：
近鐵吉野線
吉野駅 Goal！ Start！
吉水神社
金峯山寺蔵王堂
吉水神社入口鳥居
はなさか
旅館 竹林院群芳園
吉野水分神社

粉色霓彩般的櫻花渲染了整座山頭
神聖之地巡遊

Point! 一路上坡，需要大量走路，記得穿雙好走的鞋。

Tips 如想省點腳力也可選擇搭乘吉野山觀光巴士(吉野山奧千本口ライン)，巴士從吉野神宮出發行經下千本駐車場、吉野山駅、金峰山寺前、勝手神社前、如意輪寺口、竹林院前、高城山展望台(限回程車)，終點站奧千本口。

價格 吉野山駅~奧千本口成人¥500

Start！

08:30 近鐵吉野駅 近鐵

¥450 纜車 10分 至「千本口」站搭吉野纜車在「吉野山」站下，¥450。再順著商店街走15分即達

09:00 金峯山寺藏王堂

停留時間 1小時

金峯山寺藏王堂的3尊祕佛「金剛藏王權現」高達7公尺，以青面獠牙的形態展現在世人面前，就是要除去人間的罪惡，與其本尊釋迦如來、千手觀音、彌勒菩薩的本體完全不同，所以平時都以木門關著，約60年才打開一次供世人瞻仰。

地址 奈良縣吉野郡吉野町吉野山2498 時間 8:30~16:30 價格 ¥800 網址 www.kinpusen.or.jp

步行 6分 繼續向上走即會看到神社入口

10:15 吉水神社

停留時間 1小時

在古時候，吉水神社被稱為吉水院，是吉野修驗道聖人所建，長期以來都是吉野山修驗道的一支。但在明治維新「神佛分離」的號召之下改成了神社。現在所祭奉的是後醍醐天皇、忠臣南木正成與吉水院宗信法印。而這裡也因為是歷史上許多人物曾造訪的地方，所以也被列為重要文化財。

地址 奈良縣吉野郡吉野町吉野山579 時間 9:00~17:00 價格 自由參拜 網址 www.yoshimizu-shrine.com

吉野山是動漫咲-Saki-的背景舞台，吉水神社中奉納少見的「痛繪馬」。

奈良縣

往中千本方向繼續向上走

步行
15分

はなさか

11:25

停留時間
1小時

改築自有140年歷史的老屋，店主人花了3年時間，每一處都不假他人之手，一點一點地改造成現在看到的樣子。店內販售的餐點一律採用有機食材，從飲料到餐點，店主人對食材十分堅持，只想給客人吃到最好的。

地址 奈良縣吉野郡吉野町吉野山2299　時間 11:00~17:00　休日 不定休

步行
3分

12:40 **竹林院群芳園**

停留時間
1小時

竹林院群芳園位於上千本，有大和三庭園之稱，是豐臣秀吉來吉野山賞櫻時請茶道名家千利修所建造。庭院內是日本池泉回遊式庭園造景，周邊植上大量山櫻花、山菜花、百日紅，讓每個時節的群芳園都漂滿花香。

地址 奈良縣吉野郡吉野町吉野山2142　時間 群芳園8:00~17:00　價錢 群芳園￥400，住宿者免費參觀　網址 www.chikurin.co.jp

春天造訪，滿山遍野的櫻花讓人忘記爬山的辛苦。

步行
30分

往上千本的方向慢慢散步，途中有多處展望台可休息

吉野水分神社

13:55

停留時間
1小時

位在吉野山上千本地區的水分神社，是大和國四所水分社的其中之一。原本設立在吉野山青根峰，吉野川從這裡分為三支，向東流是音無川，向西是秋野川，向北是喜佐谷川，故名為水分神社。860年移至現址，大約從平安時代起便被大家以「子守明神」來稱呼。

地址 奈良縣吉野郡吉野町吉野山1612　時間 8:00~16:00，4月至17:00　價錢 自由參拜

往回走至纜車站前熱鬧的商店街

步行 30分

15:30

柿葉壽司醍予

停留時間 30分

柿葉壽司是奈良的名產,為一種用柿葉包裹醃漬過的鯖魚片和醋飯而成的美食,奈良販賣柿葉壽司的店家很多,但是都比不上醍予來得美味,原來醍予使用農家清晨現摘的柿葉,當天現做現賣,是來到吉野必嘗的名點。

地址 奈良縣吉野郡吉野町吉野山937-3 時間 8:30~17:00(售完為止) 休日 不定休 價錢 柿の葉寿司コンビ(柿葉壽司:鯖魚4個、鮭魚3個)7入¥1150

出店後右轉即達

步行 1分

16:15

八十吉 本店

停留時間 45分

八十吉創業於1851年,位在葛的發源地,來此除了可以購買葛菓子,也建議可以坐到附設的茶房「吉野天人庵」中品嚐名物「天人」。天人指的是八十吉特製的葛切,沾上黑蜜品嚐,彈性十足,是來訪吉野山必嚐的逸品。

地址 奈良縣吉野郡吉野町大字吉野山561-1 時間 9:00~18:00 休日 週五 價錢 吉野天人(葛切+葛菓子套餐)¥880 網址 www.yoshinokuzu.co.jp

步行 2分

出店後左轉即達

17:00

橫矢芳泉堂

停留時間 30分

吉水神社附近有許多家土特產品店,其中販賣吉野葛菓子的橫矢芳泉堂最受歡迎。吉野葛是曾出現在萬葉集中的草花,根部磨成粉後可壓製成吉野葛菓子,或是沾著黑糖蜜吃的清涼葛粉,橫矢芳泉堂店門前還可看到師傅製作葛餅的過程,並可免費試吃,是清新可口的山中名點。

地址 奈良縣吉野郡吉野町吉野山2396 時間 8:00~18:00 休日 不定休 價錢 吉野葛菓子¥600起 網址 www.kuzugashi.com

沿路逛回「吉野山」站搭吉野纜車在「千本口」站下,¥450

步行 20分

18:00

近鐵吉野駅
近鐵

Goal !

奈良縣

明日香村 老寺古墳文化 深度2日旅

飛鳥　橘寺　聖德太子
古墳　歷史遺跡

以石舞台古墳聞名的明日香村，是遷都奈良之前，飛鳥時代的政治中心。現在，在一片遼闊平和的田野景色裡，古寺、古墳遺跡處處可見，不僅是考古學家的天堂，入住一晚，更能感受日本超古老歷史風情。

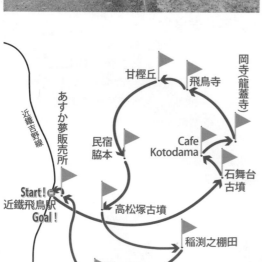

DAY1

早
09:00 近鐵飛鳥駅
09:30 石舞台古墳

午
Café ことだま／午餐
12:30 岡寺
14:00 飛鳥寺
15:10 甘樫丘展望台

晚
16:30 民宿 脇本／晚餐

DAY2

早
09:30 高松塚古墳
11:10 稻刈の棚田

午
12:00 キトラ壁畫體驗館
14:00 飛鳥駅前
　　　あすか夢販売所
　　　Matsuyama Café
16:00 近鐵飛鳥駅

晚

近鐵吉野線

あすか夢販売所

甘樫丘　飛鳥寺　岡寺(龍蓋寺)

民宿
脇本

Cafe
Kotodama

石舞台
古墳

Start！
近鐵飛鳥駅
Goal！

高松塚古墳

稻渕之棚田

キトラ壁畫體驗館

迎風奔馳田園間 感受飛鳥濃濃古意

Point!
騎著自行車，自由穿梭在田野古墳之間，隨看隨走最自在。

Tips
若不會騎自行車的人，也可以搭乘明日香周遊巴士。
價格 1日乘車券成人¥650，小孩¥330。

Start! ● DAY1

09:00
飛鳥駅
近鐵飛鳥線

從飛鳥駅出站，站口左側就有單車及電動車租借站，鄰近周邊另還有六處租借站，一日¥500起。

自行車 **20**分
沿縣道155號直行沿路有指標

09:30

石舞台古墳

停留時間 **1**小時

飛鳥地區散落著許多謎樣的石墳、石雕，其中最著名的就是這座被列為特別史跡的石舞台古墳。石舞台名字的來由，則是傳說中有狐狸化身為美女在這大石堆上跳舞而得名，現在可以沿著大石架成的甬道進入墓室參觀，了解當年的墓葬文化。

地址 奈良縣高市郡明日香村島庄133 時間 8:30~17:00(售票至16:45) 價格 成人¥300，高中~小學生¥100 網址 www.asuka-park.jp/area/ishibutai/tumulus/

沿著縣道155號往回至明日香觀光會館右轉

自行車 **5**分

10:50

Café ことだま

停留時間 **1**小時**30**分

於明日鄉村、有數棟老街屋綿延的主街道上，原本的老酒藏在店主改裝後，成為一個融合在地美味、年輕藝術家手作器物、服飾、特產等的複合式空間，尤其是ことだま的特製午餐更是人氣首選。將節氣特產融入餐點中，加上餐後的一派京風格雅致甜點，從空間、餐點、食材講究到餐器，都是品質、風雅兼具。

電話 0744-54-4010 地址 奈良縣高市郡明日香村岡1223 時間 10:00~17:00，週六日例假日至18:00；午餐11:00~14:00(L.O.)，午茶14:00~閉店前30分鐘(L.O.) 休日 週二、第3個週三、冬夏季不定休

自行車
10分

出店右轉進入岡寺參道，一路向前即達

岡寺

12:30

停留時間
1小時

位於山丘上位置的岡寺，原本古稱龍蓋寺，據説義淵僧正奉天皇之命來此建寺時，有一隻惡龍危害鄉民，於是義淵便以大石將其壓制在大殿前的水池中。除了歷史意義、日本最初厄除靈場，本殿內的如意輪観音菩薩坐像也是日本歷史最悠久、最大的泥土塑像，至今仍保存完好。

地址 奈良縣高市郡明日香村岡806　時間 8:30~17:00，12~2月至16:30　休日 1~3月進行厄除修行無開放參拜　價格 成人￥400，高中生￥300，國中生￥200，小學生免費　網址 www.okadera3307.com/

順遊推薦

橘寺

除了岡寺，附近還有橘寺值得一看。在興建橘寺之前，這裡原本是欽明天皇的離宮之地。聖德太子於日本敏達天皇元年(572年)在此誕生，度過童年。橘寺又以聖德太子出生地而聞名。正殿又稱為太子堂，裡頭安置了「聖德太子勝鬘經講讚像」，是所有聖德太子彫像中最古老的一尊。

電話 0744-54-2026　地址 奈良縣高市郡明日香村橘532　時間 9:00~17:00　價格 成人￥350

往回至國道15號後右轉再至對面小路，騎到底右轉直行即達

自行車
10分

14:00

飛鳥寺

停留時間
1小時

飛鳥寺由蘇我一族建於西元598年，相傳是日本的第一間佛教寺院，也是日本佛教的原點。飛鳥寺裡的飛鳥大佛也是日本最古老的佛像。飛鳥寺雖然規模不大，但佛像雕刻都十分具有歷史意義，想要探訪佛教歷史的話，十分值得一遊。

電話 0774-54-2126　地址 奈良縣高市郡明日香村飛鳥682　時間 9:00~17:30(售票至17:15)，10~3月至17:00(售票至16:45)　休日 4/7~4/9　價格 成人￥350，國高中生￥250，小學生￥200

這裡的大佛可是日本最古老佛像。

自行車 5分 出寺廟往左走，左轉沿縣道124號直行即達入口

停留時間 1小時

甘樫丘

15:10

標高148公尺的甘樫丘頂端的展望台是遠眺明日香村美景最棒的地方外，歷史記載也曾是蘇我蝦夷宅邸之地。從展望台左側可欣賞飛鳥古京~明日香村的鄉村景致，右邊則是橿原市方向的城市景致，還可眺望大和三山日落與飛鳥川等。

地址 奈良縣高市郡明日香村豐浦 **時間** 全日開放 **備註** 從入口下方走到展望台約15分

回入口，沿著縣道155號直行，接209號即達 **自行車 10分**

路過龜石

16:30 ## 民宿 脇本

從江戶時代起超過320年、傳承至今已經第11代的脇本家族一直在這裡經營著旅宿，在超過250年歷史的母屋中用餐，不僅餐點用心，周邊盡是江戶年代古物，充滿歷史氛圍。加上鄉下媽媽般的溫馨款待，是很棒的鄉間住宿體驗。

地址 奈良縣高市郡明日香村野口328 **時間** Check in 16:00 / Check out 9:00 **價格** 一泊二食每人￥9350

溫暖細心的女將，也是住在這裡最棒的體驗風情之一。

Stay !

Start! · DAY2

09:30

自行車 10分　縣道209號直行即可看到入口

仕女圖是來到這裡必看的重要景點！

10:00
高松塚古墳

停留時間 1小時

高松塚古墳因古墳內的壁畫色彩鮮豔且富有古文化的意義，曾經在考古學界興起一片喧嘩。在1973年被指定為特別史跡，而彩色壁畫也在隔年被指定為國寶。雖然無法進入古墳參觀，但遊客還是可以在比鄰的壁畫館中欣賞到壁畫的復原圖。

地址 奈良縣高市郡明日香村平田439　時間 壁畫館9:00~17:00(入館至16:30)　休日 壁畫館12/29~1/3　價格 壁畫館成人￥300，高中大學生￥130，國中小學生￥70

自行車 15分　進入縣道210號，至八坂神社前右轉沿山路向上直行即達

11:10
稻渕の棚田

停留時間 20分

以神奈備山為背景，春夏秋冬各有不同風景。稻渕棚田的美麗景致不但在於優美的田園風光，也在於其歷史所賦予它的意義，目前這裡也被列為指定文化景觀，吸引很多攝影愛好者前來。

地址 奈良縣高市郡明日香村稻渕
時間 自由參觀

這裡的美景可是入選「日本棚田百選」。

沿路騎回縣道210號，左轉即達

自行車 10分

12:00

キトラ古墳壁画体験館　四神の館

2016年9月才整建完畢並對外開放參觀的キトラ古墳，雖無法確定古墳埋葬者身分，但從墓室中的天花板畫著天文圖星空、四周石室則有鎮守四方的四神(玄武、朱雀、白虎、青龍)以及十二生肖，推斷身分應該相當高。

停留時間 1小時

地址 奈良縣高市郡明日香村大字阿部山67
時間 9:30~17:00(入館至16:30)，12~2月至16:30(入館至16:00)　休日 週三(遇假日順延隔天平日)、年末年始　價格 自由參觀　網址
www.nabunken.go.jp/shijin

沿縣道210號直行即達

自行車 8分

14:00

停留時間 30分

あすか夢販売所

這是處專門販售明日香村當地農產與加工物產品的地方，不但是觀光客來到明日村鄉的休息站，由於販售的農產履歷清楚，價格平實，也是當地區民日常生活很常造訪的地方。

電話 0744-54-5670　地址 奈良縣高市郡明日香村御園2-1　時間 9:00~17:00　價格 草莓霜淇淋￥350

當地品牌「飛鳥紅寶石」草莓製作的霜淇淋，是人手一支的必吃名物。

自行車 1分

對面即是車站，
還車後步行2分即達

14:30

Matsuyama Café

改建自農協80年屋齡倉庫的Matsuyama Café由店主親手改造翻新，挑高的木質空間讓人感到特別沉穩。每天午餐也提供使用地產食材所烹煮的拼盤，健康多層次的美味是許多人特地造訪的原因。

停留時間 1小時

電話 0744-35-1003　地址 奈良縣高市郡明日香村越211　時間 11:00~17:00，週末11:00~18:00
休日 週三、第2.3個週二　價格 午間套餐￥1350起，咖啡￥450

原路走回車站

步行 1分

16:00

🚃 **飛鳥駅**
近鐵飛鳥線

Goal！

室生・宇陀・曾爾
奈良近山開車自由2日行

高原　溫泉　室生寺
芒草花　老屋新生

想要了解更多的奈良，就不能不往山裡去！宇陀的室生寺最能代表宇陀地域歷史與特色，另外像是美術館、老屋改造咖啡、溫泉湯屋、四季皆有不同風情的曾爾高原等地，也都是觀光必訪區域。

DAY1

早
09:00 大和八木駅
09:40 宇太水分神社

午
カエデの ひらら／午餐
13:00 カフェねころん
14:30 曾爾高原

晚
17:00 そに木霊リゾート～垰tawa～／晚餐
曽爾高原温泉 お亀の湯

DAY2

早
10:40 室生山上公園 芸術の森

午
11:30 Meli-Melo
12:30 室生寺
14:00 大野寺

晚
16:00 大和八木駅

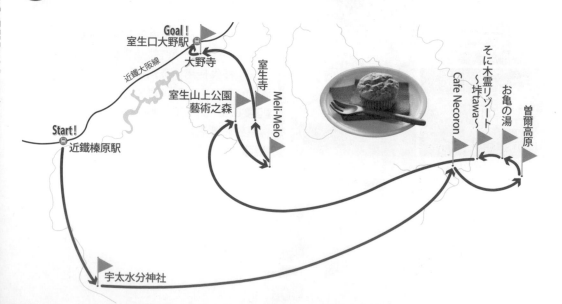

Goal！
室生口大野駅
大野寺
室生寺
近鉄大阪線
室生山上公園
藝術之森
Meli-Melo
Start！
近鉄榛原駅
そに木霊リゾート～垰tawa～
Cafe Necoron
お亀の湯
曽爾高原
宇太水分神社

風與水聲自然合鳴
造訪寺廟、步道散步踏青的好去處

Point!

地處偏遠，想要用大眾交通工具就只能定點遊玩，無法串聯。

Tips

宇陀市僅有一條近鐵大阪線通過，區域內共有三本松駅、室生口大野駅、榛原駅三個站，其中榛原駅是宇陀市最主要的出入口站，而室生口大野駅則是前往室生寺最近的站點。想搭大眾運輸就從這三個點出發。

· DAY1

Start!

09:00

🚃 大和八木駅
近鐵大阪線

開車 **40**分　沿國道158號接166號

不想從大阪市區就開車，不妨坐車到大和八木租車出發。

宇太水分神社　**09:40**

停留時間 1小時

名列為國寶重要文化財，雖然境域範圍不大，但綠意圍繞的安靜氛圍，掌管著以奈良春日大社以東邊界域的水神，也是當地相當重要的信仰中心。位在本殿後方連三座的社殿，與春日大社的建築一樣都塗上朱紅色。

電話 0745-84-2613　地址 奈良縣宇陀市菟田野古市場245　時間 自由參觀

神社旁即是　步行 **4**分

11:00　### カエデの郷ひらら

停留時間 1小時30分

建於1935年的旧宇太小学校，10年前廢校後，為了保存美麗校舍並活躍在地氣氛，成為一個提供茶道、和服、摺紙等各式體驗活動，還有藝廊空間、場地出租、圖書室、咖啡廳及集結世界1200種楓葉共3000株的楓葉園區。

地址 奈良縣宇陀市菟田野古市場135-2　時間 9:00~17:00　休日 週一(遇假日順延一天)　價格 自由參觀，部分活動需預約及付費　網址 udakaedenosato.main.jp

開車 30分

走國道369號接縣道81號，至Store 2.7前左轉山路

13:00

カフェねころん

停留時間 1小時

位在鎧岳半山腰的カフェねころん，改建自昭和初期的古民家，女主人前川郁子小姐來自金澤，因為丈夫老家在這裡而移居此處，並幸運找到這間中意的老屋，加以改建，打造出讓人舒適自在的小空間。除了每日限定的燒菓子之外，午間套餐更是大家特地前來的重點。

地址 奈良縣宇陀郡曾爾村葛288　時間 11:00～17:30　休日 週一～週四　價格 午間套餐￥1100，咖啡￥400

店內設置了「小書店」專區，提供曾爾村另一種藝文氣息。

順遊推薦

曾爾高原Farm Garden

早在1999年便已開幕的Farm Garden是曾爾高原著名的休息站，這裡不但有物產賣店、麵包工房、啤酒餐廳，運氣好還可以看到職人釀造啤酒的風景。前往曾爾高原途中，不妨來這裡用餐、購買好喝的地啤酒回家慢慢享用。

地址 奈良縣宇陀郡曾爾村太良路839　時間 10:00～17:00
休日 週三、年末年始　網址 www.soni-kogen.com

走縣道81號，沿路有指標

步行 15分

14:30

曾爾高原

停留時間 2小時

曾爾高原每到秋季滿山遍野的蘆葦景色令人陶醉。許多登山客會來此挑戰俱留尊山，但一般民眾也不用擔心，這裡步道設置完善，是個適合全家大小散步踏青的好去處。而周邊也有景點，可以順遊。

地址 奈良縣宇陀郡曾爾村葛　時間 自由參觀

開車 10分 沿著原路往回開即達

そに木霊リゾート~垰tawa~

17:00

改建自明治元年建造的古民家，そに木霊リゾート~垰tawa~一日只接待2組客人，有獨棟出借的「鳳」與位在餐廳空間樓上的「緣」兩種房型，不論哪種，皆配以丹普床墊，提供最舒適減壓的深層睡眠體驗。

地址 奈良縣宇陀郡曽爾村太良路664 時間 Check In 15:00～，Check Out～10:00 價格 一泊二食￥24000起 網址 soni-kodamaresort.com

由民宿主人精心調理製作的菜餚結合家常與創意，將地產食材發揮最大美味。

早上還可以體驗自己用土灶升火煮飯的樂趣。

住宿提供接送，記得先預約 **接送 3分**

19:00

曽爾高原温泉 お亀の湯

沒有結合住宿，只以日歸溫泉的方式經營卻能持續吸引來自日本各地的湯客特意造訪，這裡的泉質是「碳酸氫鹽泉」，能夠軟化角質，為肌膚帶來潤澤，且一入湯即有感！晚餐後來這裡，泡完後皮膚滑滑嫩嫩，且全身溫暖無比。

停留時間 1小時

地址 奈良縣宇陀郡曽爾村大字太良路830 時間 4~11月11:00~21:00，12~3月11:00~20:30 休日 週三，年末年始 價格 入浴￥800，毛巾出租￥110 網址 www.soni-kogen.com/hotspring/

奈良縣

Stay！

Start ! ・**DAY2**

10:00

（開車 **40**分）

沿縣道81號接國道369往宇陀方向

室生山上公園
芸術の森

10:40

停留時間
1.5小時

　群山環繞的室生，因開發而不斷抽取地下水形成土石流災害，這裡便是以防止土石流而建造的藝術公園，全部作品都由Dani Karavan設計，融入水聲、陽光與周邊地景的作品，部分作品更實際擔任防洪阻災的功能。

地址 奈良縣宇陀市室生181 **時間** 10:00~17:00(入園至16:30)，3、11、12月至16:00(入園至15:30) **休日** 週二(遇假日順延一天)，12/29~2月底、天候不佳 **價格** 成人￥410，高中生￥200，國中學生以下免費 **網址** www.city.uda.nara.jp/sanzyoukouen

最具代表性的「螺旋水路」造景，細長的水流四季不止地迴旋流入地底，並發出淙淙水聲。

（開車 **10**分）沿縣道28號往回開即達

11:30 **Meli-Melo**

停留時間
1小時

　來自神戶的女主人與來自法國的男主人，一同移居到奈良宇陀的老房子裡，開啟了人生新的篇章。有鑑於日本還沒有什麼以鹹可麗餅為主題的餐廳，男主人便決定以家鄉味為主題，將地產蔬菜與傳統法式可麗餅結合，給予了宇陀鄉間小屋新的生命。

地址 奈良縣宇陀市室生下田口1761 **時間** 11:00~16:00 **休日** 週日~三 **價格** 本日鹹可麗餅￥1200起，咖啡400 **網址** www.instagram.com/melimelomurou/

沿縣道28號往室生方向開即達

開車
10分

12:30

室生寺

室生寺自古以來就被視為眾神聚集的聖地，奈良時代末期為了祈求皇太子的病早日痊癒，興福寺5位高僧來到室生聖地祈願，因而由天皇授權興建。除了當作修行的道場，同時也發展高度的佛教美學，保留了許多美麗的佛教雕像及繪畫。

停留時間
1.5小時

地址 奈良縣宇陀市室生78 時間 8:30~17:00，12~3月9:00~16:00 價格 大人¥600，小孩¥400
網址 www.murouji.or.jp

開車
10分

順著縣道28號繼續往前開即達

14:00

大野寺

停留時間
30分

大野寺是真言宗室生派一座小巧的寺廟，建於白鳳時代（西元681年），由役行者創立。本堂裡供奉的木造彌勒普薩是為秘佛，只能隔著櫃子參拜。而另一尊造於鎌倉時代的木造地藏菩薩立像，傳說曾為解救無辜女孩於火刑而現身，有身代地藏之稱，為重要文化財。

電話 0745-92-2220 地址 奈良縣宇陀市室生大野1680 時間 8:00~17:00 價格 拜觀¥300

宇陀川對岸岩壁上刻有一尊「彌勒磨崖佛」（高13.8公尺）建於1210年，是日本最高的石壁大佛。

順遊推薦

ととりの里公園

被日本人稱為「案山子」的稻草人，是田間偶爾一見的原鄉風景，現在已不容易看到。來到宇陀，前往室生寺的途中，會看到道路兩旁聚集了許多看起來像在務農的人們，再仔細一看，竟然就是稻草人。

交通 建議開車前往，位在室生隧道前。
地址 奈良縣宇陀市室生砥取222 時間 自由參觀

國道165號接158，回到大和八木駅前

開車
40分

16:00

大和八木駅
近鐵大阪線

Goal！

奈良縣

深入山林 洞川溫泉
2天1夜漫活行程

🏷 名泉　鐘乳石洞　溪流　森林　修驗道

• •

洞川以溫泉著名，山間流水涼涼，數道靈動的瀑布串繞其中，山壁兩岸斜掛著顫危危的吊橋，一派清幽的山色宛若世外桃源。洞川也是紀伊山地中的修驗靈場「大峰奧駈道」的入口，是早期修行僧們登山修驗之路。

DAY1

早　**12:00** 下口市駅
　　　13:40 洞川溫泉街

午　　　きらく九兵衛／午餐
　　　　　自家焙煎珈琲佐助
　　　15:30 光綠園 西清

晚　　　洞川溫泉釀造所

DAY2

早　**15:30** 面不鍾乳洞
　　　　　かりがね橋
　　　15:30 龍泉寺

午　**11:00** 洞川溫泉街
　　　　　龜清／午餐
　　　　　錢谷小角堂
　　　　　松谷清造本舖
　　　15:58 洞川溫泉BT

晚　**17:09** 下口市駅

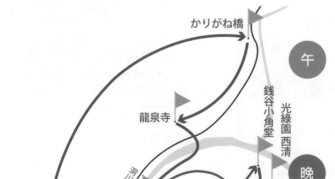

かりがね橋

錢谷小角堂

光綠園西清

龍泉寺

洞川下市線

面不動鍾乳洞

自家焙煎珈琲佐助

亀清

Start！
洞川溫泉BT

Goal！

きらく九兵衛

靈山聖水溫泉老街
老城裡漫步日本風情

Point!

不想自駕，就搭上公車慢慢前往這座未知的山林溫泉街。

Tips

要到洞川溫泉，並沒有電車站可以直達，皆需要到近鐵「下市口駅」轉乘巴士。從下市口駅出來，過馬路即可看到奈良交通巴士的總站，在這裡搭乘往「洞川溫泉」的巴士，約70分即達，巴士車資￥1300。

Start！・DAY1

巴士一天約有5-7班，要先看好時刻。

12:00 🚌 下口市駅
近鐵吉野線

¥1480

巴士 1小時20分 搭乘12:09開往洞川溫泉的奈良交通巴士直達

13:38 洞川溫泉 BT
奈良交通巴士

步行 2分 下車往溫泉街走即達

きらく久兵衛

停留時間 1小時

14:00

中午推薦來到きらく久兵衛坐在川邊享用美味的溪魚定食料理。除了塩烤香魚外，定食套餐還有豆腐、煎蛋、醋物、煮物小菜、白飯味噌湯與醬菜，份量超級大，吃得超級飽。而一般食堂會有的炸豬排、天婦羅等也很受當地人歡迎。

電話 0747-64-0600　地址 奈良縣吉野郡天川村洞川47　時間 11:00~15:00　休日 不定休
價格 香魚套餐￥1650

步行 2分 沿溫泉街走即達

大份量雞蛋煎超級美味，豪邁又不失日式纖細。

15:00 自家焙煎珈琲佐助

停留時間 40分

超有個性的老闆，堅持小量自家烘豆，端給客人喝的咖啡一定是烘完3天內的新鮮豆子。老闆認為經過完善處理的咖啡豆並不會有過多咖啡因，任何時段都可飲用。店內主要空間為吧台桌，微曲的弧度與絨布椅，增添了不少懷舊感。

地址 奈良縣吉野郡天川村洞川169-1　時間 9:00~17:00，週末8:00~17:30　休日 週三　價格 咖啡￥600　網址 www.instagram.com/sasuke.0523/

步行 3分　沿溫泉街走即達

光綠園 西清

15:50

洞川溫泉位在標高820M的山區，夏季十分涼爽，自古就是關西地區的避暑勝地。西清因使用洞川名水製作「陀羅尼助丸」而發跡，充滿歷史氣氛的數寄屋風房舍、季節折衷的日式庭園與當地最旬料理，四季皆能品味到不同風情。

地址 奈良縣吉野郡天川村洞川257　時間 Check-In15:00～，Check-Out～11:00　價格 一泊二食，兩人一室每人¥16500起　網址 www.kohryokuen.com

步行 2分　沿溫泉街走即達

19:00

洞川溫泉釀造所

停留時間 1小時

洞川溫泉雖然有條溫泉街，但店舖都關得早，店主人便想打造一處適合年輕人晚上聚會的場所，於是引進釀酒技術，自創了陀羅尼助丸口味的精釀啤酒。以當地名水釀成的有些苦甘苦甘的滋味，嚐來有點像德國啤酒，但意外地清爽，讓人驚豔。

電話 0747-64-0046　地址 奈良縣吉野郡天川村洞川226　時間 15:00~22:00　休日 週四　價格 生啤酒¥600　網址 yama-beer.com/

也有瓶裝酒可以帶回送禮，一罐¥800

沿溫泉街走回飯店　步行 2分

20:00

Stay !

Start! ・DAY2

10:00

步行 3分　沿溫泉街走至警察局前右轉過橋，再左轉即達登山口

Tips

要前往鍾乳洞，你會發現是一段連續陡峭的階梯。雖然努力走，大概10分鐘以內就能到洞口，但對體力沒自信的人，也可以坐坐巨木造型的登山纜車，輕輕鬆鬆就能登頂。

時間 9:00~17:00
價格 單程￥300，來回￥500

10:30　**面不動鐘乳洞**

停留時間 1.5小時

面不動鐘乳洞為昭和8年被村人無意中發現的，洞內常保8度恆溫沁涼無比。如吊鐘般的鐘乳石上凝掛著水珠，數百年來石灰質滴落到地上則結成石筍，洞內分成天之花園、獅子之窟等數個鐘乳石洞，受奈良縣文化財保護。

電話 0747-64-0352　**地址** 奈良縣吉野郡天川村洞川673-89　**時間** 9:00~17:30，冬季9:00~16:30
價格 入場￥450，4歲~小學生￥200

順遊推薦

面不洞茶屋

面不洞鐘乳石洞入口前有間茶屋，用當地清泉「咕嚕咕嚕名水」（ゴロゴロ水）燒煮的名水咖啡十分受到歡迎，現在還有名水汽水。走出涼颼颼的鐘乳石洞正適合來杯飲品，讓山間涼意在濃郁的咖啡香中緩緩蒸發。

步行 10分　不下山，沿鐘乳石洞前的自然遊步道走即達

12:10　**かりがね橋**

停留時間 15分

這是架在洞川自然研究路徑龍泉寺後面的冷杉林和大原山之間的吊橋。全長120公尺，高度為50公尺，是天川地區最長的吊橋。從吊橋上可以一覽洞川的街景。「かりがね」指的是天川地區對「岩燕」的稱呼，吊橋的名字便源自這些燕子優美飛翔的姿態。

地址 奈良縣吉野郡天川村洞川　**時間** 自由參觀

步行 3分 往回走，看到指標左轉下山即達。

龍泉寺 **12:30**

停留時間 1.5小時

從洞川前往大峰奧 道的修行者會先來龍泉寺參拜，並在水行場內淨身，並向八大龍王祈願旅程平安，然後才入山前往山上岳和山上的大峰山寺朝拜。來到這裡，也別忘了到八大龍王堂裡參拜，天花板上由狩野派畫家「川面稜一」創作的天上龍圖十分有迫力！

電話 0747-64-0001　地址 奈良縣吉野郡天川村洞川494　時間 8:00~17:00　價格 境內免費　網址 www.oominesan-ryusenji.jp

據說好好地摸摸撫石，捧起來就會感到輕，如果拍它罵它，就會重到捧不起來。

步行 1分 回到洞川溫泉街即達

龜清 **14:00**

停留時間 1小時

走在洞川溫泉街上，不經易的就會被陣陣的烤魚香味吸引。洞川溫泉附近的溪流以盛產香魚聞名，每到夏季許多人慕名前來釣魚或是品嚐。除了可以在料亭內享用之外，龜清直接在街邊升起碳火燒烤香魚，用最平實的價格提供季節美味。

電話 0747-64-0132　地址 奈良縣吉野郡天川村洞川240　時間 10:00~18:00　休日 週四　價格 烤香魚¥550，鯖壽司¥110

用壓力鍋燉煮香魚的4種珍味，免費提供給顧客。

沿洞川溫泉街走即達

步行
1分

15:00

錢谷小角堂

停留時間
30分

錢谷小角堂以賣陀羅尼助丸起家，但這一代主人有鑑洞川沒有什麼物產販售中心可以提供遊客購物，便選入洞川與附近小鎮的各式地產品，擺在店舖中一同販售。不只陀羅尼助丸，結合其特色的各式小物也都很可愛，想要買伴手禮給朋友，來這裡準沒有錯。

地址 奈良縣吉野郡天川村洞川254-1 **時間** 9:00~19:00 **休日** 1/1~1/3 **價格** 陀羅尼助丸27包入¥1100 **網址** daranisuke.co.jp

奈良縣

順遊推薦

松谷清造本舖

陀羅尼助丸是一種和漢胃藥，松谷清造本舖就是專賣陀羅尼助丸的當地老舖，有自己的擁護者。不過因為食藥法規，現在的陀羅尼助丸皆由工廠統一製作，每一家的成份都一樣，所以若是有興趣，買哪一家都差不多。

地址 奈良縣吉野郡天川村洞152 **時間** 9:00~17:00 **價格** 陀羅尼助丸27包入¥1100 **網址** www.matsutani-seizou-honpo.com

陀羅尼助丸的源起

要說到其起源，便不能不提到於1千3百多年前在大峰山上修行的「役行者」。當時因為疫病流行，役行者就地取材，取下黃柏的樹皮，一邊吟唱陀羅尼經，一邊熬煮成藥。後人便學其製法，在登山道旁販售，成為洞川名物。

沿洞川溫泉街走即達

步行
1分

15:40

洞川溫泉 BT
近奈良交通巴士

¥1480

搭15:58往下口市駅的奈良交通巴士即達

巴士
1小時20分

20:29

下口市駅
近鐵吉野線

Goal!

十津川・瀞峽
自駕兜風二日遊

瀞峽　峽谷乘船　熊野信仰
渡橋證明　療傷溫泉

小小的聚落散在山谷間，清澈溪流與澄淨空氣，孕育出大片森林，寂靜的氛圍被喻為是日本罕見的一塊淨土；從奈良大和八木租台車，一路暢玩至和歌山新宮，中停十津川，玩遊山林美景，再接續前往熊野山地朝聖。

Start！🚉 大和八木駅

和歌山線

谷瀨吊橋

滝之湯

道の駅十津川鄉

ホテル昴

果無集落

玉置神社

瀞峽

和勢本線

Goal！
🚉 JR新宮駅

DAY1

早	**10:00** 大和八木駅 **11:15** 谷瀨吊橋

吊橋茶屋／午餐
12:30 道の駅十津川鄉
滝の湯
15:00 ホテル昴

晚

DAY2

早　**09:00** 果無集落
　　10:30 玉置神社

午　**13:00** 瀞峽
　　瀞ホテル／午餐

晚　**16:00** 新宮駅

綠意盎然　探訪溫泉潤澤之鄉

Point! 超小眾租車秘境漫遊路線！

Tips 若想搭乘大眾交通的唯一方法，則是從近鐵大和八木駅前開往新宮的奈良交通巴士「八木新宮線」。這條路線路線全長166.9公里，耗時6個半小時，是日本最長的路線巴士。
一般建議可以搭乘早上的班次，當天在十津川觀光，並下塌十津川，隔天繼續向新宮移動，參訪熊野三社。

吊橋茶屋柚餅子(ゆべし)

日本許多山里都有把柚子挖空，再填入味噌，製成柚餅子食用的習慣，而十津川的柚餅子，特徵便是將柚子挖空後，增入味噌與柚子肉、柴魚等調和的內餡，在冬季讓風與陽光幫助熟成，化為濃厚風味。柚餅子的吃法有很多，最推薦是切薄片搭配清酒，或是把薄片柚餅子與起司片夾在一起，當作西餐的前菜，滋味獨特。

渡過吊橋後，來到吊橋茶屋購買這份渡橋證明書，自己填上姓名，為美妙的十津川之旅留下證明。

Start! **DAY1**

10:00　🚌 **大和八木駅** 近鐵橿原線

開車 1小時15分　經國道24轉國道168號

11:15

谷瀬吊橋

停留時間 30分

連結十津川上野地與谷瀬兩地的巨大吊橋「谷瀬吊橋」，是當地居民生活中不可或缺的交通吊橋。早期連結兩地的是架在溪谷上的木造便橋，常常因水量暴漲而遭沖毀，於是居民便一戶出一點錢，全村共同建造了這座長297公尺的大吊橋，是日本最長的生活用吊橋。

地址 奈良縣吉野郡十津川村上野地　**時間** 自由參觀，點燈17:00~21:00

步行 2分　走到吊橋的另一側就會看到

11:45

吊橋茶屋

停留時間 30分

位在谷瀬一側，吊橋旁的吊橋茶屋是結合土產與簡單餐食的休息處。
一進到店內，先看到琳瑯滿目的土特產、新鮮蔬果等，另一半空間則擺上幾張桌椅，大面窗戶引進滿室光亮，還能看到吊橋美景。若是肚子還有空間，別錯過鄉土料理「目張り壽司」，紮實的份量配上味噌湯吃得超級飽。

地址 奈良縣吉野郡十津川村谷瀬261-1　**時間** 週六日例假日、暑假9:00~17:00　**價格** めはり壽司(目張壽司)¥170、渡橋證明書¥300

開車
30分

沿國道168號即達

12:30

道の駅 十津川鄉

停留時間
30分

「道の駅」在日文是道路休息站的意思，位在日本最大村莊十津川村的中心，道の駅十津川鄉也內有廁所、物販中心、還有餐廳、咖啡、足湯等設施，讓長程開車的人們可以停車歇息，順便了解十津川的美麗事物、文化。其中在地下1樓有間山里文化昔日館，展示著早期山林的生活工具，免費開放參觀。

地址 奈良縣吉野郡十津川村小原225-1 時間 9:00~17:00 網址 www.michinoeki-totsukawago.com/

步行
7分

沿國道168號走即達

13:00

這裡還有處免費的足湯可以泡，累了不妨來這裡休息！

滝の湯

停留時間
1.5小時

除了十津川溫泉之外，還有處雖然規模不大，但泉質極佳的湯泉地溫泉，小小區域中便有兩家大眾浴池，而其中滝の湯是鹼性單純琉黃泉，以優美的露天風呂聞名。原址本是間日式旅館，改裝後才作為大眾浴池；溫泉池十分小巧，一次大約只能容納4~5人使用，而要到露天風呂則得步下30段階梯才能抵達。

地址 奈良縣吉野郡十津川村小原373-1 時間 8:30~20:00 休日 週四 價格 入浴成人￥800，小孩￥400 網址 www.vill.totsukawa.lg.jp/traveling_guide/onsen_gou/

十津川村的公眾浴場

十津川村中共有4個公眾浴場，除了滝の湯之外，還有泉湯、星の湯、庵の湯，喜歡溫泉的人可以去體驗看看！

露天風呂就位在河邊，野溪溫泉氣氛滿點！

開車
20分

沿國道168號轉425號即達

15:00

ホテル昴

位在奈良最南邊，紀伊半島中心部的十津川，是個著名的秘境溫泉鄉，而坐落在十津川溫泉的ホテル昴，提供100%沒加冷水的溫泉，據説對神經痛、慢性病、燙傷很有療效。來這裡住宿，也能享受用山上野菜與溪魚烹製的會席料理，不是很豪華卻十分美味。另外在溫泉館「星の湯」外部還有免費足湯可以享受，散步完可別忘了到這裡泡腳休息。

交通 JR新宮駅、近鐵大和八木駅、JR五條駅等地搭乘開往十津川方向巴士，於「十津川溫泉」站或「ホテル昴」站下車 電話 0746-64-1111 地址 奈良縣吉野郡十津川村平谷909-4 網址 www.hotel-subaru.jp

可以體驗乘坐早期用來在峽谷間運送物資的「野猿」。

ホテル昴內還可以享受免費足湯！

住宿推薦

古民家 大森之鄉

採用十津川村當地產的木材改造古民家，連補強民宿裡老舊的梁柱也堅持使用傳統木工技法鑲嵌古木材與新木材，充份達到保存與再利用。在充滿檜木香氣的空間裡，感受緩慢生活步調、悠閒地流逝時光。

地址 奈良縣吉野郡十津川村大字武 487 時間 Check in15:00~19:00，Check out10:00 價格 採用一整棟民宿租借的方式，共設有兩棟。【行仙】洋室可住1-2人，1人住宿￥7000 ，2人住宿￥7000 /1人；【燒峰】和室2間房可住1-4人，1人住宿￥18500，2人住宿￥10000/1人 網址 totsukawa-stay.com

Start! DAY2

08:30

開車
10分
國道425號接168號即達

09:00 **果無集落**

停留時間
1小時

要説到十津川的代表風景，除了谷瀨吊橋之外，便是果無集落了。小小的集落位在山腰間，也是小邊路的必經途徑。一望無際的視野與名物婆婆讓這裡成為十津川宣傳海報的經典畫面。

地址 奈良縣吉野郡十津川村果無

時間 自由參觀

開車
30分
沿國道168號接425即達

10:30 **玉置神社**

停留時間
1.5小時

位在玉置山頂的玉置神社，就如同其名，傳説在上古時代，這裡放置著日本三大神器之一的「玉」，是歷史悠長的古老的神社。位在本殿裏側，還可以看到巨大的夫婦杉與神代杉，境內還有多處可以看到玉置山的枕狀溶岩，富有歷史與自然教育意義。

地址 奈良縣吉野郡十津川村玉置川1

時間 自由參觀

熊野古道小辺路

由於熊野三山位處深林，參拜的路途走來可不輕鬆；在玉置山旁的十津川溫泉鄉裡，有一條從高野山一路向南，途經十津川村而達熊野本宮大社的古參詣道——小辺路。已被列為世界遺產的小辺路，要走完全程可要要四天三夜，但這已經是前往熊野三山的參詣道中最短的一條，古代的參拜者每天跋山涉水，徒步前往遙遠的目標，途中必遭受重重困難，這過程就象徵了入死而重生，意義重大。

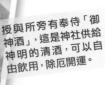
授與所旁有奉侍「御神酒」，這是神社供給神明的清酒，可以自由飲用，除厄開運。

沿國道169號即達，山路彎曲小心駕駛。

開車
40分

13:00

瀞ホテル

瀞ホテル位在三縣界隈，開在比十津川秘境更加秘境的

停留時間
1小時

瀞峽旁，臨著山崖而建的木造古屋原為老式旅館，早期為了提供以竹筏運送木材的「筏師」們住宿而設，其間一度因為筏業衰退而閉館，現在則是由第4代重新整理，開設了咖啡廳，吸引許多人前來探訪。

(地址) 奈良縣吉野郡十津川村神下405 (時間) 11:30~傍晚(售完為止) (休日) 不定休 (價格) 懷かしのハヤシライス(懷舊牛肉燴飯)¥1500 (網址) dorohotel.jp/

奈良縣

步行
2分

由咖啡廳入口往下走即達乘船處

14:00

瀞峽川舟觀光かわせみ

若是想要遊覽瀞八丁美景，搭上川舟觀光かわせみ，聽取船

停留時間
1小時

長的解説，就用身體感覺迎來的風，飄浮在清澈的溪水上巡航一周，從低角度感受瀞峽兩岸的巨大迫力，讓颯爽的瀞峽風景映入眼簾，為旅程留下美好回憶。

(地址) 奈良縣吉野郡十津川村宇宮原 (時間) 8:00~17:00航程約30分 (價格) 2人乘船一人¥1900，3人乘船一人¥1600，4人以上乘船一人¥1400 (網址) dorokyo.jp/

瀞峽

瀞峽是日本知名的風景名勝地，為熊野川的支流也就是北山川所形成的溪谷，從上游到下游分別稱作奧瀞、上瀞和下瀞，流經奈良、三重與和歌山。瀞峽最美的一段當屬下瀞，峭壁兩旁夾著深邃的溪谷，雪白的岩石分布崎嶇曲折，可以欣賞到像是獅子岩、龜岩、松茸岩等奇石巨岩。秋天來臨時，瀞峽更成為賞楓勝地。

開車
40分

接國道169號往新宮方向即達

新宮駅
JR紀勢本線

16:00

Tips 此行程可以接續熊野三山（P.092）、那智勝浦（P.088）等行程。

Goal！

和

歌山縣排行程入門指南

京都府
滋賀縣
三重縣
和歌山縣
奈良縣

和歌山縣

擁有豐富觀光資源的和歌山，其中最珍貴的是紀伊山地的宗教靈場，包括北邊的高野山和南邊的熊野三山。想要享受原始自然的海岸景觀、或是上山下海泡湯、享受最美味高級的鮪魚生魚片和龍蝦，那就一定要來和歌山盡情體驗旅行的豐富！

我到和歌山觀光要留幾天才夠？

天氣跟台灣差很多嗎？

什麼季節去最美？

和歌山擁有豐富的自然和文化景點，建議安排**1至2天**的行程。可以參觀和歌山城並品嚐當地拉麵，或是前往高野山，參觀金剛峯寺等著名寺廟。若有**3天左右**，則可以去南紀白濱的溫泉和海灘，或是探索串本和那智勝浦的自然風光。

夏季的氣溫和濕度與台灣相似，春秋兩季氣候宜人，適合旅遊。冬季的氣溫較低，尤其是在**高野山地區**，會有降雪和寒風。相比台灣較溫暖的冬天，和歌山的冬季需要更多的保暖措施。對於不習慣寒冷天氣的遊客，特別是在高山地區，可能需要準備適當的衣物。

春季櫻花盛開，特別是在高野山和紀三井寺，櫻花景色非常壯觀。**夏季適合海濱活動**，如在南紀白濱享受海灘和溫泉，祭典和煙火表演也非常熱鬧。冬季的和歌山海邊溫暖、山上氣溫較低可以欣賞到高野山的雪景和寧靜的氛圍。對於**喜歡雪景和溫泉的遊客**，冬季的和歌山有獨特的魅力。

有了基本認識後，現在就來打造最適合自己的旅遊行程吧！

從機場、京都大阪市區
要搭什麼車進入和歌山？

從關西國際機場出發，可以直接搭乘南海電鐵空港線直達和歌山市站，這是最快捷的方式。若坐JR則要在泉佐野轉車。從大阪出發可以選擇搭乘JR阪和線（關西本線），從大阪站或天王寺站乘車，直達JR和歌山站。另外，也可以從難波站搭乘南海電鐵南海本線，到達和歌山市站。從名古屋站搭乘JR東海道本線特急「南紀」直達新宮站，車程大約需要約4小時，是前往新宮和勝浦的主要方式。

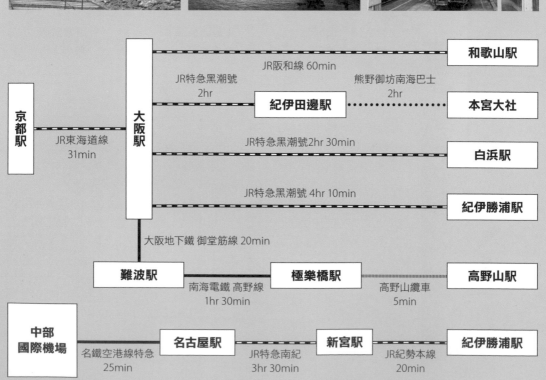

和歌山駅

JR阪和線 60min

JR特急黑潮號
2hr

紀伊田邊駅

熊野御坊南海巴士
2hr

本宮大社

京都駅

JR東海道線
31min

大阪駅

JR特急黑潮號2hr 30min

白浜駅

JR特急黑潮號 4hr 10min

紀伊勝浦駅

大阪地下鐵 御堂筋線 20min

難波駅

南海電鐵 高野線
1hr 30min

極樂橋駅

高野山纜車
5min

高野山駅

中部國際機場

名鐵空港線特急
25min

名古屋駅

JR特急南紀
3hr 30min

新宮駅

JR紀勢本線
20min

紀伊勝浦駅

有什麼優惠車票適合我？

	JR關西地區鐵路周遊券 JR Kansai Area pass	JR關西廣域鐵路周遊券 JR Kansai WIDE Area pass	伊勢、熊野、和歌山地區周遊券 Ise-Kumano-Wakayama Area Pass	關西周遊卡 KANSAI THRU PASS
使用區間	JR在來線：西至上郡·播州赤穗、北至日吉、東至米原·敦賀，南至和歌山 京都市營地下鐵 京都市內京阪電車	山陽新幹線(新大阪~岡山) JR在來線：西至倉敷·鳥取、北至城崎溫泉、天橋立、東至米原·敦賀，南至白濱·新宮 丹後鐵道全線 和歌山電鐵全線 智頭急行(上郡~智頭) 西日本JR巴士：高雄·京北線(京都~周山)、若江線(近江今津~小濱)	關西本線(名古屋站~JR難波) 紀勢本線(龜山~紀伊勝浦~和歌山) 阪和線(和歌山~天王寺) 大阪環狀線 京都線(大阪~東淀川) 參宮線(多氣~鳥羽) 伊勢鐵道(河原田~津) 和歌山電鐵全線 三重交通巴士 熊野交通巴士	京都、大阪、神戶、比叡山、姬路、和歌山、奈良、高野山的私鐵電車、地鐵與巴士(有一定範圍)，範圍幾乎涵蓋了整個關西地區
價格	1天￥2800　2天￥4800 3天￥5800　4天￥7000	5天￥12000	5天￥16500	2天￥5600 3日￥7000
有效時間	連續1/2/3/4日	連續5日	連續5日	任選2/3日
使用需知	·無法搭乘新幹線 ·僅能搭乘自由席 ·可搭乘關空特急Haruka自由席	·僅能搭乘自由席，否則需另購買特急/指定席券 ·可搭乘關空特急Haruka自由席 ·無法搭乘東海道新幹線(新大阪~東京)、山陽新幹線(岡山~博多) ·可在奈良駅、米原駅、彥根駅、近江八幡駅、石山駅、神戶駅、和歌山駅、白浜駅等站免費租用「車輪君」自行車	·可免費劃位特急普通車廂指定席6次，不包含特急Haruka ·不包含Home liner列車 ·可在和歌山駅、白浜駅免費租用「駅輪君」自行車。	·不可搭JR鐵路 ·本票券為磁卡，可走自動改閘口 ·沿線260處主要觀光設施的優惠折扣
售票處	京都、新大阪、大阪、三之宮、關西機場、奈良、和歌山等各站的JR售票處，或在網站、旅行社購買，到日本再至窗口領取票券	京都、新大阪、大阪、三之宮、關西機場、奈良、和歌山、福知山、岡山等各站的JR售票處，或在網站、旅行社購買，到日本再至窗口領取票券	JR東海售票處：東京、品川、新橫濱、名古屋、京都、新大阪、大阪、關西機場 JR東海TOURS：東京、品川、新橫濱 新大阪JR西日本旅遊櫃檯 名古屋站JR諮詢所	關西機場旅遊專櫃、梅田、難波與新大阪等地的遊客指南中心
官網	www.westjr.co.jp/global/tc/ticket/pass/kansai/	www.westjr.co.jp/global/tc/ticket/pass/kansai_wide/	touristpass.jp/zh-tw/ise_kumano/	www.surutto.com/kansai_rw/zh-TW/
購買身分	非日本籍旅客，購買需出示護照。	非日本籍旅客，購買需出示護照。	非日本籍旅客，購買需出示護照。	非日本籍旅客，購買需出示護照。

和歌山縣

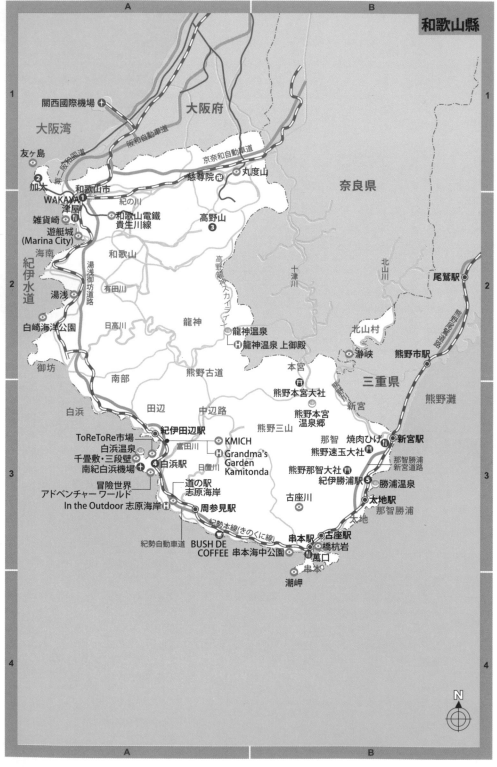

和歌山縣

關西國際機場

大阪府

大阪湾

友ヶ島

京奈和自動車道

慈尊院 丸度山

奈良県

加太

和歌山市

WAKAYA 津屋

雑貨崎
遊艇城
(Marina City)

和歌山電鐵
貴生川線

高野山

紀伊水道

海南

湯浅御坊道路

和歌山

有田川

十津川

北山川

尾鷲駅

御坊

湯浅

白崎海洋公園

日高川

龍神

龍神温泉

龍神温泉 上御殿

本宮

北山村

瀞峡

熊野市駅

三重県

熊野灘

南部

熊野古道

熊野本宮大社

新宮

白浜

田辺

中辺路

熊野本宮
温泉郷

熊野三山

那智 焼肉ひげ

新宮駅

ToReToRe市場
白浜温泉
千畳敷・三段壁
南紀白浜機場

紀伊田辺駅

富田川

KMICH

Grandma's
Garden
Kamitonda

日置川

熊野速玉大社

熊野那智大社

紀伊勝浦駅

那智勝浦
新宮道路

勝浦温泉

冒険世界
アドベンチャー ワールド
In the Outdoor 志原海岸

白浜駅

道の駅
志原海岸

古座川

太地駅

那智勝浦

周参見駅

紀勢本線(きのくに線)

串本駅

古座駅

橋杭岩

紀勢自動車道

BUSH DE
COFFEE 串本海中公園

萬口

串本

潮岬

N

我要住哪一區
最方便？

Point! 觀光景點分散，針對想去的地方選住宿地就沒錯！

①和歌山市：

和歌山市是以和歌山城為中心所發展起來的都市，也可稱為和歌山的玄關口；除了JR和歌山駅，還有南海的和歌山市駅，兩站有點距離，但市中心巴士班次眾多，要串聯也是十分容易。

②加太：

面對紀淡海峽的加太是處寧靜的小漁村，新鮮漁貨聞名是理所當然，其特殊的面西位置，也成為關西地方最佳賞落日勝地之一；加太也是前往秘境友ヶ島的必經港口，推薦想去秘境探險的旅人在這停留一晚。

③高野山：

高野山為密教真言宗所尊崇的至高聖地，也是弘法大師空海修研與宣揚佛法的根本道場，其以壇上伽藍為核心的七里八方結界內之地，在日本人心中擁有神聖不可侵犯的地位，絕對要入住一晚才能體驗。

④白浜：

白浜溫泉古名「牟婁之湯」，隨著道路與鐵道的拓展，白浜成為縣內最大的觀光溫泉地。町內交通方便，且觀光景點眾多，是旅行新手想要享受和歌山溫泉氛圍與海濱風情的不二首選。

⑤那智勝浦：

那智勝浦位在和歌山紀伊半島南端，每年勝浦港鮪魚的卸貨量是日本第一，新鮮海味是必嚐美食外，散佈在勝浦灣畔溫泉美湯與海景合而為一，可以從這裡接續三重、熊野三山、奈良十津川等行程。

和歌山縣

和歌山城
小玉電車一日滿喫

日本名城　小玉電車　貓站長
和歌山拉麵　美術館

和歌山市是以和歌山城為中心所發展起來的都市，坐落於紀伊古國發祥地的紀川河口處。這裡的地標就是壯闊高聳的和歌山城，平時夜晚會點上燈光、十分浪漫。再走遠點用可愛電車串聯，尋著小貓的腳印，來場可愛旅行吧！

早
09:00 和歌山駅
09:30 和歌山電鐵
貴志駅
貴志川草莓園

午
中華そば しま彰／午餐
伊太祈曾駅
14:10 和歌山城
和歌山縣立近代美術館
COBATO Parlour

晚
18:30 和歌山駅

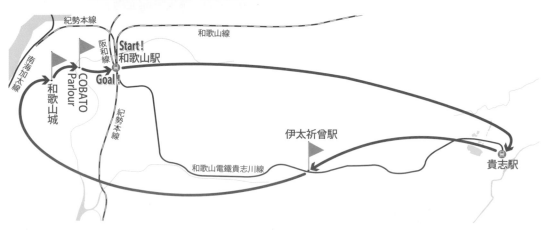

可愛電車 歷史人文匯萃之城

Point!
和歌山電鐵有不少特色列車，可以查好班次，選擇想坐的車種。

Tips
買張一日乘車券，可以在一日之內無限次搭乘和歌山電鐵的列車。¥800。

Start!
小田急電鐵·箱根登山鐵道

09:00　和歌山駅
和歌山電鐵貴志川線

¥410
電車
30分

在JR和歌山駅站內尋著地上的貓腳印，到達9號月台便抵達和歌山電鐵的乘車處，搭上9:04分發的小玉電車出發。

貴志駅

停留時間
1小時

09:30　貴志駅
和歌山電鐵

貴志車站是和歌山電鐵貴志川線的終點站，車站外表以貓咪為造型，再加上知名貓站長「小玉」的加持，一夕間成為觀光景點，也拯救了這個差點要廢站的小車站。現在車站有咖啡廳、小雜貨店等，讓喜愛小玉與其貓咪的人們可以盡情購物休息。
時間 自由參觀　**網址** www.wakayama-dentetsu.co.jp

步行
15分
出站後左轉沿縣道10號直行即達

必搭電車
電車設計大師水戶岡銳治設計了多款主題列車，「草莓電車」、「玩具電車」(おもちゃ電車)、「小玉電車」(たま電車)、小玉電車博物館號(たま電車ミュージアム号)等，不管是哪一輛都別俱特色。

10:45

貴志川草莓園

停留時間
30分

除搭乘草莓主題電鐵拜訪小玉貓站長外，也別忘一嚐這個水果農產大市的美味水果。冬季來訪，絕對要來草莓園摘草莓，園內摘種有各式草莓品種，可以在入場後規範的時間內，盡情享用，其中由和歌山配種出的「まりひめ」(毬姬) 獨家品種，渾圓鮮紅的果實，香氣足、甜度高、酸度溫和，也絕對不要錯過。
地址 和歌山縣紀の川市貴志川町神戶238　**時間** 約1月下旬~4月底，9:00~15:00(最後入場14:00)　**休日** 非產季期間　**價格** 30分吃到飽 大人¥2500、3歲以上至小學¥1800　**網址** www.kanko-kinokawa.jp/view_play/971/

和歌山縣

順著原路回貴志駅

步行 15分

🚃 **貴志駅**
和歌山電鐵貴志川線

11:30

¥190

電車 1分
搭11:36往和歌山方向的梅星列車

11:37

🚃 **甘露寺前駅**
和歌山電鐵貴志川線

步行 5分
出站往右直走，跨過縣道13號即達

11:40

中華そば しま彰

停留時間 40分

知名拉麵鋪中華そば しま彰，以濃厚的大骨湯頭搭配上店家特別請麵店特製的稍細麵條，看似濃厚湯頭，卻意外地入口滑順，尤其切得厚厚的自家製叉燒，軟嫩入口即化，相當入味，滿滿一碗的滿足竟然只要銅板價500日圓。

地址 和歌山縣紀の川市貴志川町長原102 **時間** 11:00~13:15(L.O)、17:30~19:00 **休日** 週二(遇假日延隔日休) **價格** 中華そば¥500、どす恋丼¥300

どす恋丼(叉燒飯)，飯上一樣擺滿令人銷魂的厚厚叉燒肉，最後還擺上一片愛心型的火腿片，可愛度順升。

步行 5分
順著原路回甘露寺前

12:30

🚃 **甘露寺駅**
和歌山電鐵貴志川線

¥250

電車 12分
搭12:39往和歌山方向的草莓電車

🚃 **伊太祁曽駅**
和歌山電鐵貴志川線

12:50

伊太祁曽駅

停留時間 30分

來到伊太祁曽駅，一步下月台，進入小巧的木造車站後，馬上可以看到小玉的「接班貓」NITAMA（二代玉）或YONTAMA（四代玉）在專屬小房間內迎接遊客。伊太祁曽駅內同時也販售貓站長的相關商品，小玉迷可別忘了順道來這裡採買。

時間 9:00~17:00(L.O.16:30) **休日** 週四、年末年始、不定休

也可以借台自行車，至伊太祁曽神社參拜。

現在我們看到的天守閣是1958年以鋼筋重建的。

¥320
電車 20分

搭13:20往和歌山方向的梅星電車

和歌山駅
JR和歌山線

13:50

¥230
巴士 10分

西口搭乘和歌山市內線121，23，24，25
於「公園前」站下車即達

14:10

和歌山城

停留時間 1.5小時

1585年由豐臣秀吉的弟弟豐臣秀長所建的和歌山城位於標高50公尺的虎伏山頂，由位於東邊的「本丸御殿」及位於西邊的「天守閣」組成。本丸御殿原本是當地藩主的居所，自從德川幕府執政之後就成為空閣。

地址 和歌山縣和歌山市1-3 時間 天守閣、わかやま歷史館9:00~17:30(入場至17:00) 休日 12/29~12/31 價格 天守閣¥410；わかやま歷史館高中生以上¥100 網址 wakayamajo.jp/index.html

步行 1分

歌山城公園南口對面即是

15:30

和歌山縣立近代美術館

停留時間 1小時

和歌山縣立近代美術館位在和歌山城公園外側，1994年由建築家黑川紀章操刀，以和歌山熊野古道的意象在館外興建大片瀑池與散步道，而館立矗立的巨大燈籠則給予強烈的生命意象。館內收藏川口軌外、野長瀨晚花等出身和歌山的畫家作品。

地址 和歌山縣和歌山市吹上1-4-14 時間 9:30~17:00(入場至16:30) 休日 週一(遇假日順延一天)、12/9~1/3、換展期間 價格 常設展成人¥350，大學生¥240，高中生以下、65歲以上免費 網址 www.momaw.jp

步行 20分

走三年坂通，越過新町橋即達

COBATO Parlour

停留時間 1小時

位在轉角的老建築成為他的落腳處，2層樓建築的上方保留著原本的日式風格「小川」看板，但整修後的裝飾卻是充滿歐式浪漫復古風。店內以貝果、帕尼尼、PIZZA、餅乾、蛋糕等，變化出鹹甜風味，提供從早餐、午餐到下午茶的輕食選擇。

地址 和歌山縣和歌山市新通5-24-1 時間 9:00~18:00(L.O.食物17:00、飲料17:30) 休日 週四 價格 三明治¥650~、飲料¥500~

17:00

步行 20分

けやき大通直行即達

18:30

和歌山駅
JR和歌山線

Goal！

加太一日散策小旅行

 神社巡禮　鯛魚電車　海水浴場　絕美海景　賞日勝地

位在和歌山市西北方的加太，湛藍海岸線、徐徐微風、穿越住宅區的地方鐵道、緩慢的老街步調、奇妙的雛人型神社、堆得像山一樣高的　仔魚丼，其特殊的面西位置，讓這裡成為關西地方首屈一指的賞落日勝地之一。

早	**10:20** 加太駅
	10:30 加太春日神社
	小嶋一商店
	オジバ商店

午	滿幸商店／午餐
	淡嶋神社
	17:32 磯の浦海水浴場
	Café Glück
	山利

| 晚 | **17:00** 二里ヶ浜駅 |

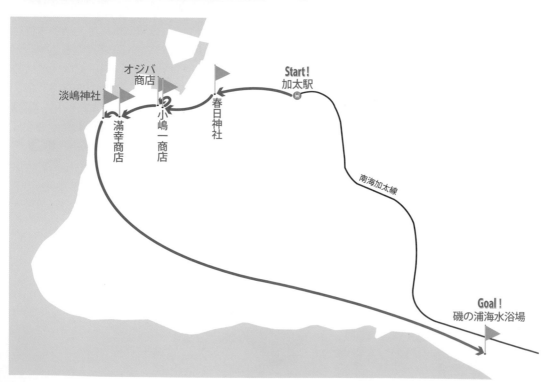

淡嶋神社

オジバ商店

滿幸商店

小嶋一商店

春日神社

Start！
加太駅

南海加太線

Goal！
磯の浦海水浴場

海天一色
歷史人文和自然景觀一次滿足

Point! 最吸引人的落日美景！

Start！

09:30

和歌山市駅
南海電鐵加太線

搭乘9:55開往加太方向的鯛魚電車

¥370

電車
25分

10:20

加太駅
南海電鐵加太線

出站後右轉，順著縣道7號直行即達

步行
11分

鯛魚電車

這台電車將代表加太與幸福的「鯛魚」化作列車，並結合加太的淡嶋神社「緣結」的特色，吸引許多女性前來搭乘。

時間 週六日例假日一天固定7班次往復，和歌山市駅發車8:51、9:55、10:55、11:55、16:15、17:17、18:26；加太駅發車9:24、10:27、11:27、12:27、16:43、17:46、18:56

加太春日神社

10:30

停留時間
30分

加太春日神社的創建年代不詳，在日本的神話中，據説神武天皇東征之時，天道根命帶著二大神寶「日矛」與「神鏡」從加太浦登陸，並在此建造了祭殿，便是春日神社的前身。後來因祈求漁民海上作業順利，與住吉大神合祀，現在本殿被登錄為重要文化財，許多特殊的雕飾與神殿建造特色都保存下來，值得一看。

神社有推出鯛魚籤詩¥300。

地址 和歌山縣和歌山市加太1343 **時間** 自由參觀 **網址** www.hir.ne.jp/e3/omiya/

步行
6分

出神社左轉過運河再右轉直行

11:10

小嶋一商店

停留時間
20分

小嶋一商店使用加太產純天然蓬草製成的蓬草麻糬，不同一般市販蓬草麻糬只有表皮綠色，嚐起來卻沒有蓬草味。小嶋商店每天現作的蓬草麻糬，以帶點微微苦味的蓬草引出糯米的香甜，由於麻糬水份並不多，所以吃起香滑但不黏牙，還帶些嚼勁，是復古的老味道！

地址 和歌山縣和歌山市加太425 **時間** 9:30～17:30(售完為止) **休日** 不定休 **價格** よもぎ餅(蓬草麻糬)5入¥650

超人氣甜食「蓬草麻糬」(よもぎ餅)。

就在斜對角 步行 **1**分

11:30 オジバ商店

停留時間 **30**分

淡嶋街道上將老房子重新整理而開設的オジバ商店,以共享空間的想法,目前集結咖啡、戶外雜貨與古書店三間。復古和雜貨、新鋭作家的設計品等擺滿一室,塌塌米上的小圓桌依著緣廊就像鄉下老奶奶家讓人感到輕鬆自在。帶點使命似的,オジバ商店也希望能藉由許多展覽、作家商品展示,帶領更多人認識加太。

地址 和歌山縣和歌山市加太249 時間 週六日例假日11:00~17:00 網址 www.instagram.com/otakasan77

出店後右轉直行即達 步行 **5**分

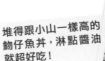

滿幸商店 本店 12:30

停留時間 **1**小時

位在淡嶋神社參道入口處簡單搭起的小屋,卻有著不可思議的美妙飲食體驗。必點的鯽仔魚丼之外,老闆娘特別推薦品嚐能吃到整整一隻鯛魚的「初心者套餐」,5種口味的鯛魚生魚片、炸魚皮、金山寺味噌燒、荒煮、味噌湯等,一魚多吃只有這裡有!另外前菜的9宮格盤上滿是和洋折衷的好滋味,想吃不一樣的日式料理,來到滿幸商店包準大大滿足。

地址 和歌山縣和歌山市加太118淡嶋神社境內
時間 9:00~15:00(L.O.14:00) 休日 週二、三
價格 しらす丼(鯽仔魚丼)¥950

堆得跟小山一樣高的鯽仔魚丼,淋點醬油就超好吃!

步行 **1**分 店就在神社旁

13:30 淡嶋神社

停留時間 **30**分

據傳神宮皇后出兵的歸途,在海上遇到風暴,當時神喻指示任船漂流便會平安,後來船漂到的地方便是「友ヶ島」。為了表示感謝,神宮皇后將寶物供在島上,直至仁德天皇前來祈祀時才遷到加太現址。而淡嶋神社最為人知的便是雛人型的供養,不只如此,有關求子、生產、結緣、交通安全等也十分靈驗。

地址 和歌山縣和歌山市加太118 時間 9:00~17:00;寶物殿開館時間需來電詢問 價格 自由參拜;寶物殿成人¥300,小孩¥200 網址 www.kada.jp/awashima/

這是紀國屋文左衛門船上的帆柱。據説只要能鑽過這個洞便能心想事成,帶來好運!

步行 20分 順著來時路往車站方向走

14:30 加太駅（南海加太線） ¥180

電車 4分 搭14:28開往和歌山市的南海電鐵普通列車

14:32 磯ノ浦駅（南海加太線）

步行 3分 出站往海邊方向走即達

Café Glück

14:50

停留時間 **1小時**

位在磯ノ浦海灘邊的Café Glück，簡單的空間讓人渡過濱海悠閒時光。踏上樓梯來到2樓，空間十分溫馨舒適，有大大的沙發讓人悠哉地坐臥，推開門還能通到陽台，面向海灘欣賞夕陽更是享受。這裡提供輕食、飲品，簡單卻不馬虎，每一道都是由店主精心製作。

地址 和歌山縣和歌山市磯の浦386-2 **時間** 9:00~17:00(L.O.16:30) **休日** 週四、年末年始、不定休 **網址** www.instagram.com/cafe_gluck/

步行 1分 往海邊方向走即達

15:50

海水浴場防波堤上畫滿海底生物，煞是可愛。

磯の浦海水浴場

停留時間 **30分**

磯の浦海水浴場以美麗的夕陽著稱，而這裡更是衝浪者的天堂，每當起風的季節、颱風前後，海岸邊滿滿的衝浪人潮讓人感受夏天的魅力。除了專業的沖浪之外，附近專營衝浪教學的店家也不少，若有時間不妨來此體驗衝浪。

地址 和歌山縣和歌山市磯の浦 **時間** 7~8月 8:00~17:00 **價格** 自由參觀

步行 9分 沿著海岸向東走即達

山利

16:30

停留時間 **20分**

傳至今已到第七代的山利，只以當天早晨捕撈的魬仔魚為原料，趁新鮮下釜鍋燙熟，再經由太陽日曬，秉持傳統工房，將大海的風味都凝縮在這小小的魚身上，鮮美至極。

地址 和歌山縣和歌山市本脇543 **時間** 8:30~17:00 **休日** 週日 **價格** 釜あげしらす（魬仔魚）450g ¥1836，しらす專用醬油（魬仔魚專用醬油）¥432 **網址** yamari.info/

山利為了魬仔魚釀造醬油，值得一試。

步行 5分 出店後左轉，過鐵道線立刻右轉即達

17:00 二里ヶ浜駅（南海加太線） ¥290

電車 18分 搭17:02開往和歌山市的南海電鐵普通列車

17:20 和歌山市駅（南海電鐵加太線）

Goal !

那智勝浦 山林神社、海浦美食一日勝景玩不停

🏷 那智大社　熊野三社　溫泉旅館　絕美海景　海

歌山紀伊半島南端的那智勝浦，號稱為溫泉與鮪魚的故鄉，品質鮮美的鮪魚是來此必嚐的美味。而那智勝浦的溫泉是與海景融為一體而著稱，溫泉散布在勝浦灣畔及其周邊。再往山裡去可以拜訪那智大社，來趟心靈之旅。

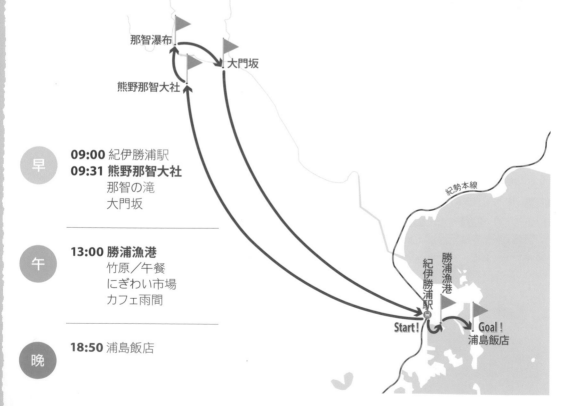

那智瀑布

大門坂

熊野那智大社

紀勢本線

早
09:00 紀伊勝浦駅
09:31 熊野那智大社
　　那智の滝
　　大門坂

午
13:00 勝浦漁港
　　竹原／午餐
　　にぎわい市場
　　カフェ雨間

晚
18:50 浦島飯店

勝浦漁港

紀伊勝浦駅

Start!

Goal!
浦島飯店

初探那智神山與勝浦潮境之美

Point!
美食美景，豐富又神秘的景點全部串聯。

Tips
那智勝浦地區主要車站可分為新宮駅、紀伊勝浦駅、太地駅等，在那智勝浦及新宮區域可以使用熊野巴士作為交通接駁，紀伊勝浦與太地駅之間可利用那智勝浦町營巴士做串連。

Start！

09:00 🚆 紀伊勝浦駅
JR紀勢本線

¥630

🚌 **巴士 25分** 搭9:05往那智山方面的巴士，至終點站即達

09:31 🚌 那智山站
熊野御坊南海巴士

🚶 **步行 1分** 下車即達

09:35 **熊野那智大社**
朱紅殿閣覆以檜皮葺頂的熊野那智大礼位在那智山上，一旁就是那智山自然信仰的象徵「那智瀑布」與青岸渡寺的朱紅色三重塔。每年的7月14日還會舉辦盛大的「那智火祭」，火光熊熊的那智火祭相傳已有1300多年的歷史，是日本三大火祭之一。

停留時間
1.5小時

[地址] 和歌山縣東牟婁郡那智勝浦町那智山1
[時間] 自由參觀
[網址] www.kumanonachitaisha.or.jp

沿境內指標 🚶 **步行 5分**

那智瀑布

停留時間
40分

那智瀑布高133公尺，是日本落差最大的瀑布。走在參天的杉木林道上，可以看見古人觀瀑布的心得：「百尺喬杉擁巇巇，風翻素練半空垂，山中三日不知暑，巨瀑真成天下奇」。近到飛瀧神社更可近距離感受瀑布負離子。

[地址] 飛瀧神社境內 [時間] 自由參觀

11:00

籤筒超大，要用雙手用力提起才能獲得籤詩。

🚶 **步行 1分** 飛瀧神社門口即是

11:40 🚌 那智の滝前站
熊野御坊南海巴士

¥260

巴士 5分

11:49

大門坂站
熊野御坊南海巴士

搭11:44往紀伊勝浦方面的巴士

一旁的大門坂茶屋可以租借平安古裝在古道中散步，是奇妙難得的體驗。

步行 1分

下車即達

大門坂

12:00

停留時間 30分

大門坂可說是熊野古道最美的一段，長約650公尺、高低差約100公尺的石坂道路，往上是通往熊野那智大社及那智瀑布，據說以往在入口是有個大門的，因此稱為大門坂。古道兩旁都是高聳入雲霄的杉林木，又以樹齡達800年的夫婦杉最具代表。

地址 和歌山縣東牟婁郡那智勝浦町那智山
價格 自由參觀

¥480

巴士 20分

搭12:34往紀伊勝浦方面的巴士，在終點站下車步行2分

竹原

13:00

停留時間 1小時

竹原是受到當地居民與老饕愛戴多年的港邊食堂，甚以各式各樣的鮪魚料理聞名，最新鮮實惠的鮪魚料理大碗又滿意。吃上一盤新鮮肥嫩的鮪魚生魚片，或是來客鮪魚蓋飯，必定能感到心滿意足。

地址 和歌山縣東牟婁郡那智勝浦町築地4-23
時間 11:00~14:00，17:00~21:00 **休日** 不定休

マグロ定食(鮪魚套餐)¥1650

步行 2分

出店左轉即是港口

にぎわい市場

14:00

停留時間 1小時

以觀光客為導向的にぎわい市場，裏頭有多達15家店舖，不論是食堂、炸物小食、生鮮及乾貨，或是各式勝浦名物伴手禮，通通一應具全。無法早起到魚市場，那就來這裡！吃喝玩樂買一次滿足，還有望海足湯可以泡！

地址 和歌山縣東牟婁郡那智勝浦町築地7-12
時間 8:00~16:00(L.O.15:30) **休日** 週二 **網址**
nigiwaiichiba.com/

就在市場外還有個足湯，可以邊泡湯邊欣賞港口美景。

步行
2分

往回走，就在竹原斜對面

カフェ雨間

停留時間
1小時

15:00

カフェ雨間優雅的木調空間，透過全面的入口玻璃牆，將海港帶來的陽光與慵懶引入。曾在東京修習咖啡的店主，將這個漁港邊的咖啡店，變成了在地人與觀光客交流的好去處，提供以在地食材用心呈現的餐點與甜點、咖啡飲料，樸實卻嚐得到隱藏的用心。

`地址` 和歌山縣東牟婁郡那智勝浦町築地5-2-10
`時間` 午餐11:30~17:00；晚餐19:00~22:00 、六23:00。最後點餐閉店前30分 `休日` 週三、每月第一個週四 `價格` チキンカレー(雞肉咖哩)￥950、フレンチトースト(法式吐司)￥750 `網址` akato.amaai.net/amaai/

和歌山縣

步行
12分

沿縣道46號走至勝浦棧橋，可搭乘接駁船至飯店

浦島飯店

16:30

浦島飯店內的大洞窟溫泉「忘歸洞」也是一處非泡不可的名湯。飯店佔地約有5個東京巨蛋大，各館依山勢而建，從大廳到最高處，落差竟有84公尺，手扶梯長達184公尺，館內共有溫泉6處，分布在山頂、海際，各具特色。

`地址` 和歌山縣東牟婁郡那智勝浦町勝浦1165-2
`時間` Check in 14:00，Check out 10:00 `網址` www.hotelurashima.co.jp

日本難得一見的洞窟溫泉景色壯麗，早晚都要泡一次才過癮！

Goal！

熊野古道探訪 一日小旅行

古道　世界遺產　本宮大社
溫泉　巴士旅行

熊野三山指的是熊野本宮大社、熊野速玉大社、熊野那智大社三座神社分布的區域。2004年整個紀伊山地被登錄為世界遺產後，人潮將石疊路擠得水洩不通，彷彿重現古時「熊野詣」的參拜人潮。

| 早 | **10:00** 新宮駅 |
| | **10:10** 熊野速玉大社 |

午	**12:00** 熊野本宮大社
	大齋原
	熊野和紙体 工房おとなし
	15:30 川湯溫泉

| 晚 | |

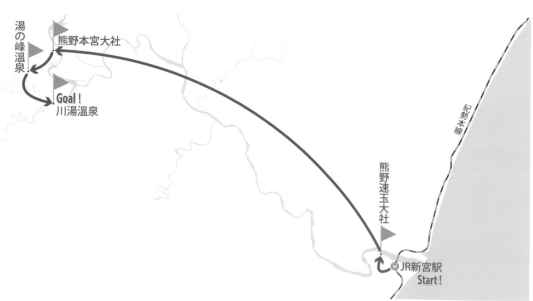

湯の峰溫泉

熊野本宮大社

Goal！
川湯溫泉

紀勢本線

熊野速玉大社

JR新宮駅
Start！

幽靜肅穆的山林古道
日本人的朝聖之路

Point!
利用巴士穿梭在熊野古道上的各大景點。

Tips
熊野御坊南海巴士公司有套裝行程「世界遺産 熊野三山めぐりコース」，不但全程巴士導覽，省去複雜的巴士交通，並且安排好景點與餐廳，讓人巡遊熊野三山更加輕鬆。
網址 kumanogobobus.nankai-nanki.jp/tourist/

Start！

10:00

新宮駅
JR紀勢本線

¥200

巴士 4分
搭13，15，17，25，51，53等巴士至「速玉大社前」下即達

陡峭的石階梯，每年火祭時也舉辦持火把從神社快速競跑下山的活動。

熊野速玉大社

10:10

停留時間 **40分**

熊野速玉大社為全日本數千個熊野神社的總本宮，從室町時代起就被皇室尊崇，境內的古董國寶多達千個以上，從祭神的道具到服飾，保存當時華麗工藝品的樣貌。而離速玉大社境內1公里的元宮「神倉神社」位在一段石梯徒坡上，後上方一塊巨大的石頭ゴトビキ岩在月光映照下，從遠處看來猶如發出幽幽白光。

地址 和歌山縣新宮市新宮1　時間 自由參觀；熊野神寶館9:00~16:00

¥1450

巴士 60分
搭10:54往本能大社的51號巴士至終點站

11:49

本宮大社前
熊野巴士川丈線

步行 1分

下車即達

12:00

熊野本宮大社

停留時間 **1小時**

熊野本宮大社為鎌倉時代的建築風格，神社神體是森林，喻為大地之神。在明治時代之前神佛合一，像是神社裡祭祀的「天照大御神」在本宮神社裡就是以十一面觀音佛像之姿出現，早現神祇信仰與佛教教義混淆崇拜的現象。

地址 和歌山縣田辺市本宮町本宮　時間 8:00~17:00　價格 自由參拜　網址 www.hongutaisha.jp/

八咫烏是熊野權現大神的使者，守護著檜木葺皮覆頂、莊嚴神聖的本宮大社。

和歌山縣

步行 10分 沿國道168號直行即達

大斎原

13:10

停留時間 30分
大齋原原本是本宮大社的所在地，位居熊野川、音無川、岩田川匯合而形成的大片河川中洲地上，幾乎已無留下遺跡。現在變成一片森林般的散步地，再蓋建的日本第一大鳥居、春天的櫻花、夏天的火祭，讓這裡持續展現舊時神域氣勢。

地址 和歌山縣田辺市本宮町本宮1 **時間** 自由參觀

步行 1分 位在往大齋原的小徑入口前

14:00

熊野和紙体験工房おとなし

「音無」是熊野紙的另一種稱呼，以山野採集來的三亞木製成，提供神宮紙符需求外，也是

停留時間 1小時

當時皇宮御用紙。藉由營運和紙體驗工坊，不但傳承技藝，也讓現代人感受古時和紙細緻優雅的價值所在。

地址 和歌山田辺市本宮町本宮454-3 **時間** 週六日例假日9:00~16:00 **休日** 週一~五 **價格** 手作一張A4音無紙￥1200(約20~30分鐘) **網址** hongu-otonashi.com/experience/

用手做紙收集熊野三山朱印

費用 朱印費用每個￥300
熊野紙一直以來也大量作為熊野三山神社的神符紙品，難得體驗做了一張熊野紙，剛好拿它來收集熊野三山神社的朱印，特別具有意義。熊野三山以自然崇拜，分別代表過去(速玉大社)、現在(那智大社)與未來(本宮大社)，透過三社參拜讓人去除不好的過往、與現今吉緣連結緊密，也祈求未來如獲新生。

順遊推薦

熊野古道中邊路

中邊路為熊野參詣道經由山線前往熊野三山的一條，沿著古道每2~3公里就設有一個王子社，供奉熊野土地神祇，一路順拜王子社也有拔除孽障的象徵。沿著中邊路到熊野本宮大社，數著一路上的王子社如近露王子社、繼櫻王子社、湯川王子社、發心門王子社、伏拜王子社等，當走到最後一個被戶王子社時熊野本宮大社就在眼前。

出店門往右走即是站牌

步行 2分

15:00 ¥310

大齋原前 | 熊野巴士

巴士 10分 搭熊野本宮線80，84號，或51號在川湯溫泉站下車即達

15:20 川湯溫泉 | 熊野巴士

川湯溫泉

川湯溫泉沿著大塔川流出，只要在河灘上往下挖掘便有溫泉湧出。在11月到次年2月，大塔溪冬季水位較低時，四周便攔起形成野溪露天溫泉。由於流動的溪流使得水溫不會太高，長時間入浴也不會覺得不適，運氣好時，還會有和野雁共浴的奇景呢！

地址 和歌山縣田辺市本宮町川湯 時間 仙人風呂12~2月6:30~22:00；公眾浴場6:30~20:00(售票至17:30) 價格 露天浴場免費；公眾浴場國中生以上¥250，小學生¥130 網址 www.hongu.jp/onsen/kawayu/

順遊推薦

湯の峰溫泉 壺湯

湯の峰溫泉的壺湯外觀看起來很不起眼，顫顫危危地擠在溪床石頭上的木造儲藏小屋般，打開一看裡邊是個可容納3人左右的浴池，就像個岩壺般小巧。這裡的溫泉顏色據說一日七變，有藍、乳白、透明等不同湯色，壺湯外高達90度的源泉池裡還可以煮雞蛋、蒸芋頭。

時間 6:00~21:00，つぼ湯(壺湯)30分鐘制/次 價格 つぼ湯(壺湯)：成人¥800，未滿12歲¥400 (含公眾浴場「一般湯」、「くすり湯」各泡一次費用)

住宿推薦

山水館 川湯みどりや

緊鄰河濱的みどりや在群山環抱中，也有旅館私人河川邊的露天風呂，讓想嚐試的人，不用走去「仙人風呂」，在旅館裡也可以享受。由於這裡是男女混湯，女生有另提供浴衣可穿著入浴，不妨多加嚐試。

電話 0735-42-1011 地址 和歌山縣田辺市本宮町川湯13 時間 Check in 15:00 / Check out 10:00

Goal！

高野山 兩天一夜宿坊心靈小旅行

宗教聖地　壇上伽藍　金剛峯寺

精進料理　纜車

山林蔥鬱的高野山為佛家密教真言宗的根本道場，空海生前最後幾年長居高野山，眼見四周的山景宛如四佛和四菩薩充滿靈氣，便決定在此開山建寺。以壇上伽藍為核心靈秀逼人，近年成為熱門觀光景點。

DAY1

 早
08:40 南海難波駅
10:20 高野山
　　　高野山登山纜車

 午
12:10 奧之院
　　　光海珈琲
　　　宿坊 惠光院

 晚
　　　大樂

DAY2

早
09:30 壇上伽藍
　　　金剛峯寺

午
　　　麩善
　　　梵恩舍／午餐
14:00 高野山駅

 晚
16:26 南海難波駅

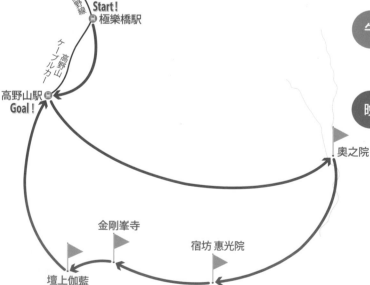

常言道：未到高野山不算了解日本文化

Point! 搭乘坡度最陡的登山纜車。

Tips 山上佛寺眾多，逛起來並不輕鬆，不妨多利用山上的循環巴士，以免太累。

和歌山縣

Start! · **DAY1**

08:30 難波駅 南海高野線 ¥1720

極樂橋駅大變身！超美的天井還有手洗舍，讓人忍不住拍照打卡！

電車 1小時27分 搭8:40發的南海特急こうや指定席

10:07 極樂橋駅 南海高野線

高野山登山纜車

停留時間 10分 高野山纜車是為鋼索線纜車，從極樂橋駅搭至高野山駅只要花費5分鐘，但高低差328公尺，且山壁陡峭，雖然兩側看不到什麼風景，但這可是一般觀光客通往高野山最容易的途徑。

10:15 ¥500

時間 每小時約4~5班車，會配合抵達極樂橋駅的列車來發車 **價格** 單程¥500 **網址** www.nankai.co.jp/koya/cablecar/

纜車 5分 搭乘高野山登山纜車

10:20 高野山駅前 登山纜車 ¥410

車身重新裝飾，充滿高野山的神聖風格。

搭乘高野山巴士在「一之橋口」站下車即達

巴士 15分

光海珈琲

10:45

停留時間 1.5小時

以店主自己的名字命名的光海珈琲，希望來訪高野山的人，都能因一點點的光芒獲得不一樣的感受與領悟。以高野山湧泉沖泡的自家煎焙咖啡外，最特別的是店內推出的光海蛋黃咖啡，在熱騰騰的咖啡中放入一顆來自高野山北側、九度山的蛋黃，攪散後風味宛如咖啡歐蕾，吸引不少人來嚐鮮。

地址 和歌山縣高野町高野山571 **時間** 9:00~17:00 **休日** 週一~五 **價格** 光海たまごコーヒー(蛋黃咖啡)¥600、咖啡¥500~ **網址** www.kohmicoffee.com/

餐點選擇眾多，午餐就在這裡解決吧！

步行
2分

12:10

出店門左轉即達奧之院的入口一之橋

奧之院

停留時間
1.5小時

奧之院的入口是「一之橋」，由此穿過「二之橋」、「御廟橋」，最後抵達奧之院最神聖的「御廟」。這裡是空海生前宏揚佛法的地方，也是最後棲身之處，因此成為四國~高野山朝聖之旅的終點。

地址 和歌山縣高野町高野山550 時間 6:00~17:00 價格 自由參拜 網址 www.koyasan.or.jp/

從早期武士貴族，到近代的松下、鈴木等企業家族，近二萬個顯達富商，均埋葬於此或設立家廟。

走回到一之橋，左前方即是

步行
2分

15:00

宿坊 惠光院

來到日本宗教聖地的高野山，在群山中遍佈的寺院道場中參拜求得心靈平靜外，能住上一晚，絕對更能體驗這世界遺產中心靈道場的奧意。就位在前往空海最後長眠處奧之院的一之橋入口附近，惠光院在高聳杉林圍繞下充滿自然、人文、宗教與歷史，透過一夜住宿將可更加感受深刻，可以入夜後跟著僧人走進奧之院、聽聽空海數百年與佛教的歷史流轉；清晨早起參與禮佛早課，或是坐禪抄經等。而精心準備的精進料理，優雅樸質的食物美學，也用美感與健康一起善待身體。

電話 0736-56-2514 地址 和歌山縣高野町高野山497 時間 Chich in 14:00~19:00、Check out 10:00 網址 www.ekoin.jp/

一大早的燒護摩儀式十分莊嚴，一定要參加。

寫經體驗完後，院方可代為供至奧之院。

出店門左轉即達奧之院的入口一之橋

步行
1分

TAIRA:大楽

19:00

停留時間
1小時

入住高野山宿坊,夜晚就一定很無聊嗎?在寧靜的街區上,由年輕和尚開設的酒吧大楽,便是提供晚上喝酒的好去處。這裡提供和歌山縣內的各種銘酒,除了梅酒、日本酒等,像是近年很流行的琴酒、威士忌等品項不少。且使用和歌山產的食材做為小菜,十分受外國遊客喜愛,連在各寺廟工作的和尚也會來這裡休息小酌呢。

地址 和歌山縣高野町高野山734 時間 20:00~22:00 休日 週三、四 價格 調酒 ¥1000起 網址 www.instagram.com/taira.koyasan/

步行
1分

回惠光院就寢

Goal !

DAY2

Start !

09:00

沿著縣道53散步即達

步行
25分

09:30

壇上伽藍

停留時間
40分

以根本大塔為中心,由金堂、不動堂、御影堂等寺廟所構成的壇上伽藍將密教思想具體化,代表大日如來佛鎮座壇上。傳說空海在中國學法時將法器「三鈷杵」往日本方向丟擲,而後便在此地發現。於是根本大塔前常可見到遊人撿拾塔前的三葉松,據說那便是三鈷杵的化身。

地址 和歌山縣高野町高野山152 時間 8:30~17:00 價格 根本大塔、金堂 ¥500 網址 www.koyasan.or.jp/meguru/sights.html#danjogaran

壇上伽藍朱色顯目的「根本大塔」內供奉著大日如來與金剛界四佛。

和歌山縣

步行 **10分** 沿縣道53號往回走

金剛峯寺 `10:30`

停留時間 **50分**

自從空海建立金剛峯寺，指定為真言宗傳教道場後，金剛峯寺便成為日本真言宗的總本山，日本全國三千多個真言宗寺院，流歸於此。寺內除了收藏重要的「兩界陀羅圖」等佛教寶物，房間內以金色為底的畫作均出自狩野派的作品。

地址 和歌山縣高野町高野山132　時間 8:30~17:00　價格 拜觀￥1000　網址 www.koyasan.or.jp/

步行 **5分** 從東門出來後左轉，到地藏尊再左轉

麩善 `11:30`

停留時間 **10分**

麩善是供應生麩予高野山寺院宿坊的百年名店。生麩從中國傳入，是高野山精進料理中不可或缺的一角，可以沾醬油或味噌直接食用、或是輕炸後煮湯，營養又健康。

地址 和歌山縣高野町高野山712　時間 9:00~17:00　休日 週一，年末年始　價格 笹卷あんぷ(生麩饅頭)一個￥160　網址 www.fu-zen.com/

用熊笹葉包裹填有紅豆泥的生麩饅頭更是高野山的最佳伴手名點。

沿原路返回縣道53號左轉

步行 10分

12:00

梵恩舍

停留時間 **1小時**

梵恩舍是一間由古民家改建而成的咖啡廳，曾經在國外流浪過很長一段時間的店主人能説5國語言(中、日、義、法、英)。這裡的餐點雖然不多，但每一樣都是出自當地生產的蔬果。推薦散步途中可以來這裡享用每天菜色不同的午間套餐。

地址 和歌山縣高野町高野山７３０ **時間** 6:30~17:00，週五至16:00 **休日** 週一、二，不定休 **價格** 午間套餐￥1200起

和歌山縣

順遊推薦

みろく石本舖 かさ國

已經在高野山開業超過150年的かさ國，以精選十勝小紅豆做成顆粒狀的紅豆內餡，設計出充滿高雅豆香的名菓「みろく石」，是最能代表高野的和菓子。

地址 和歌山縣高野町高野山764 **時間** 8:00~18:00 **價格** みろく石(6個)￥750 **網址** www.mirokuishi.com/

順遊推薦

平野清椒庵

來到和歌山有一項農產逸品不可錯過，那就是「山椒」，推薦必買「山椒」，用於魚鮮燒烤加味外，柑橘水果般香氣也適合為沙拉調味。

地址 和歌山縣高野町高野山733 **時間** 9:00~17:00 **價格** 山椒(罐裝5g)￥880 **網址** hirano-seishoan.com/

￥360

巴士 15分 至「小田原通站」搭往高野山駅的巴士

14:00 🚃 **高野山駅** 登山纜車

￥500

纜車 5分 搭乘14:23發的高野山登山纜車

14:28 **極樂橋駅** 南海高野線

￥930

電車 1小時41分 搭乘14:32發的南海高野線(橋本行)，在「橋本站」轉乘南海高野線急行(南海難波行)

16:26 🚃 **難波駅** 南海高野線

Goal !

白浜溫泉 泡湯尋景2日
近郊旅行

海景溫泉　親子共遊　動物園　海鮮　黑鮪魚

説到和歌山的溫泉，不得不先提起白浜。這裡不但是日本的三大溫泉地，更與兵庫有馬溫泉、愛媛道後溫泉並稱為日本三大古溫泉。海水湛藍，沙質細緻，町內眾多的泡湯場所、溫泉旅館，更是一年到頭生意興隆。

DAY1

| 早 | 10:10 白浜駅
円月島 |

| 午 | 千畳敷
三段壁
崎之湯 |

| 晚 | 16:30 key terrace seamore residence |

DAY2

| 早 | 09:30 冒險世界 |

| 午 | 15:00 とれとれ市場
16:10 白浜駅 |

| 晚 | |

円月島

とれとれ市場

KEY TERRACE
SEAMORE
HOTEL

Goal 白浜駅
Start

千畳敷

冒險世界

紀勢本線

三段壁

面向大海泡湯
鮪魚海鮮滿漢全席潤澤心靈

Point! 日本三大溫泉之一，不妨多泡幾處比較泉質。

Tips 白浜とくとくフリー乘車券是可在指定時間內無限次搭乘明光巴士(高速巴士除外)的優惠票券，範圍包括JR白浜站到溫泉區的所有重要景點，使用此票券並享有円月島觀光玻璃船折價¥150、白浜Energy Land及三段壁洞窟折價¥100的優惠。
價格 一日券成人¥1100，二日券成人¥1600，三日券成人¥1900
網址 meikobus.jp/scheduled/shirahama/free/

Start！ ‧ DAY1

08：30 🚌 大阪駅
JR和歌山線

¥5810

🚆 電車 2小時30分 搭7:40出發的黑潮1號特急列車

10：10 🚌 白浜駅
JR紀勢本線

¥340

🚌 巴士 17分 搭10:34發的白浜町內循環巴士101
至「臨海 (圓月島)」站下車

10：50 円月島

停留時間 1小時

白浜的象徵「円月島」是個長130公尺、寬35公尺的小島，因為長年受海水侵蝕，導致島中央呈一圓洞而聞名。其實的本名叫作「高嶋」，由於人們口耳相傳，漸漸地便取代了原有的名字了。每到黃昏時分的円月島格外美麗。

地址 和歌山縣西牟婁郡白浜町臨海 **時間** 觀光玻璃船8:45~16:10，約30分1班，航程25分鐘 **價格** 觀光玻璃船¥1600，4歲~小學生¥800

搭乘觀光玻璃船，可以一探海底風光。

円月島前有處御船足湯，泉源來自松乃湯。

¥240

巴士 12分 搭12:12發的白浜町內循環巴士101至「千疊口」站下車

12:30

千疊敷

停留時間 30分

一層層宛若百頁豆腐般交疊在海岸邊的千疊敷，是第三紀層的砂岩經過千萬年的波浪拍打侵蝕後所形成的特殊海岸線景觀，號稱有千枚榻榻米般堆覆，故命名為「千疊敷」。千疊敷因面向太平洋西方，是絕佳的觀賞夕陽的場所，當暮色籠罩、晚霞四起時，正是千疊敷最浪漫的時刻。

地址 和歌山縣西牟婁郡白浜町2927-72 時間 自由參觀

步行 17分 經縣道34號右轉小路至海邊

途中還可欣賞美麗壯觀的千疊敷海岸。

13:30

三段壁洞窟

停留時間 1.5小時

三段壁的絕景除了有垂直於海面上、高5~60公尺的斷崖之外，真正叫人驚嘆的是藏於斷崖之下的大岩洞。這個岩洞原是海水侵蝕而成，後來又因挖礦的工程更具規模，從電梯往下到達岩洞的主廳之後，可以沿著指標參觀許多個大小岩洞，最後到海水灌入的水道末端聽海浪撞擊岩壁的聲音。

地址 和歌山縣西牟婁郡白浜町三段2927-52 時間 8:00~17:00(入場至16:50) 休日 12月中旬例行檢修日 價格 國中生以上¥1300，小學生¥650，小學生以下免費 網址 sandanbeki.com

洞窟底下有座牟婁大辯才天社，氣氛莊嚴是和歌山的能量景點。

巴士 12分 ¥150

回到縣道34號上等15:05發的白浜田邊線11號,至「新湯崎」站下車徒步6分

崎の湯　15:30

停留時間 1小時

萬葉時代僅存的唯一湯治場(治療病痛的溫泉),也是白浜溫泉代表的崎の湯,泉質為塩化物泉。就建在海岸邊的崎の湯直接面對太平洋,泡著湯中能夠感受絕對的開放感,不妨卸下身上所有束縛浸入溫泉,赤裸裸的面對著遼闊的太平洋,那種毫無拘束的感覺只可意會,實在無法言傳。

地址 和歌山縣西牟婁郡白浜町湯崎1668 **時間** 4~6月、9月8:00~18:00(入湯至17:30),7~8月7:00~19:00(入湯至18:30),10~3月8:00~17:00(入湯至16:30) **價格** 3歲以上¥500

步行 6分

往回走至下車處即是

16:30

KEY TERRACE HOTEL SEAMORE

白浜的老牌飯店Seamore在2018年3月完成大改裝,以Key(紀伊) Terrance為改裝主題,透過更多設施讓這裡成為聚集美好記憶、美食、有家的感覺的旅宿地。像是咖啡麵包坊、Bar、Buffet餐廳、濱海陽臺座位區、各式主題湯浴、動漫圖書館等,豐富設施讓住在這裡更有渡假感覺。

地址 和歌山縣西牟婁郡白浜町1821 **時間** Check in 15:00/Check out 10:00 **網址** www.keyterrace.co.jp/

順遊推薦

海中展望塔

白浜海中展望塔位在離飯店約100公尺的海上,是座高18公尺,水深8公尺的海底觀測展望塔。從飯店走過長長的聯絡路橋便能接到海上的展望塔,繞著螺旋樓梯一路向下直到海底,透過多扇圓形的玻璃窗望向海中,成群的魚兒不時悠游窗外。

時間 9:00~16:30(入場至16:00) **價格** 國中生以上¥800,3歲以上¥500;視線不良時國中生以上¥500,3歲以上¥300;住宿飯店的旅客可折價¥100 **網址** kaichu-tenboto.com

Stay!

DAY2

Start！

08:45

¥370

巴士 **20**分

搭8:55發的白浜町內循環巴士101
至「冒險世界」站下車

冒險世界

09:30

停留時間 **5**小時

冒險世界是很受歡迎的動物園與遊樂園，廣達300萬平方公尺的園區裡有開放感十足的野生動物園區、海豚表演的水上劇場與刺激的雲宵飛車；在野生動物園區裡可選擇搭乘遊園小火車、遊園巴士遊覽，透過車窗與動物近距離親密接觸。

地址 和歌山縣西牟婁郡白浜町堅田2399 時間 10:00~17:00(依季節及例假日而異，詳見官網) 休日 週三、不定休(詳見官網) 價格 一日入園券18歲以上¥5300，65歲以上¥4800，國高中生¥4300，4歲~小學生¥3300 網址 aws-s.com

推薦順遊

熊貓主題區

這裡的熊貓爸媽多年來不斷繁衍，光家族就多達近20隻了，因為小熊貓長大後必須送回中國，所以目前園區內有4隻熊貓，2020年11月出生的楓浜則是年紀最小的，這個日本最大熊貓家族，在開放式的熊貓園區裡供大家參觀，看著他們每天吃吃睡睡，可愛的不得了。

草原動物區

冒險世界裡的廣闊動物區幾乎都是無柵欄式的展示，除了肉食野生動物區必須搭乘密閉式園區車進入外，其他可愛動物區、野生動物區，都可以讓人更親近動物甚至親自餵食互動。草原動物區的動物有大象、水牛、斑馬、長頸鹿等，不論徒步或是租個電動車進來逛，都很輕鬆恣意。

特製餐點，把可愛貓熊通通吃下肚

來冒險世界幾乎得待一整天才玩得盡興，當然中間肚子餓時，連食物都好可愛讓人荷包很難不失血。除了草原區有專屬的各式動物造型的餐點外，Food Hall及半戶外區的小食餐飲攤區也不斷推出最令人銷魂的可愛動物造型美食，造型可愛到讓人好難決定吃哪個。

搭14:50發的白浜町內循環巴士101
至「とれとれ市場前」站下車

¥370

| 巴士 6分 |

15:00

とれとれ市場

想吃最鮮的魚獲，想買地產伴手，來到とれとれ市場就能一次滿足！とれとれ在日文中是「新鮮」的意思，這裡集結全日本的新鮮海產，還能看到黑鮪魚的解體秀！館內也有當地的地產蔬菜、伴手禮等，只要是和歌山的名物都能在這裡找到。除了吃飯、逛市場，若時間充裕還可以去旁邊的「とれとれの湯」泡個溫泉。

停留時間 1小時

地址 和歌山縣西牟婁郡白浜町堅田2521 **時間** 8:30~18:30(L.O.17:30) **價格** 自由參觀 **網址** toretore.com/ichiba/

海鮮BBQ

自己動手烤海鮮的BBQ區就在市場1樓，市場裡的攤位也可以代為處理食材，買回來就可以直接開烤，限時一個半小時，開爐費(含飲料)成人¥800，小學生¥500，3歲以上¥250。

住宿推薦

熊貓村

繼大受歡迎的ToreTore Village之後，とれとれ市場在2016年又拓增了一區Panada Village(熊貓村)，25棟圓滾滾的獨立屋通通彩繪成一個個不同造型的熊貓屋，屋內裝飾及房型各不同，可愛到不行。

地址 和歌山縣西牟婁郡白浜町堅田2498-1 **時間** Check in 15:00 / Check out 11:00 **網址** toretore.com/panda/

¥160

| 巴士 5分 | 搭102，11，31都可至「白浜駅前」站下車

16:10 **白浜駅** JR紀勢本線

¥5810

| 電車 2小時30分 | 搭乘16:20發的黑潮28號特急列車

18:46 **大阪駅** JR和歌山線

Goal !

三重縣排行程入門指南

京都府　滋賀縣
三重縣
奈良縣

三重縣位於日本列島的中央,有著絕妙的天然海景、原始山林、最讓人迷戀的泡湯風情,除此之外,三重縣最負盛名的海鮮美食伊勢龍蝦、鮑魚可以滿足你的食慾,而珍珠製品更是日本第一,絕對不要錯過。

Q

我到三重觀光要留幾天才夠?

A

建議安排**2至3天**的行程。第一天可以參觀伊勢神宮和夫婦岩,了解日本的神道文化。第二天可以前往鳥羽市,參觀鳥羽水族館和鳥羽遊船。若有更多時間,則可以探索熊野古道或前往長島溫泉,享受溫泉和遊樂設施。

Q

天氣跟台灣差很多嗎?

A

夏季的氣溫和濕度與台灣相似,都是高溫潮濕的氣候,**梅雨季在5月,颱風季從6月到9月,**跟台灣差不多。**春秋兩季早晚溫差大,**但白天氣候宜人,最是適合旅遊。相比台灣較溫暖的冬天,三重縣的冬季寒冷,需要更多的保暖措施。

Q

什麼季節去最美?

A

春季伊勢神宮和周邊地區的櫻花景色非常壯觀。秋季楓葉變紅推薦至熊野古道和伊賀市。夏季雖然高溫潮濕,但可以體驗到多樣的節慶活動,如伊勢的夏日祭典和煙火表演。**而四季都是品嘗當地新鮮海鮮的好時機,**如伊勢龍蝦和牡蠣,讓美食成為旅程的一部分。

有了基本認識後,現在就來打造最適合自己的旅遊行程吧!

從機場、京都大阪市區
要搭什麼車進入三重？

從名古屋中部國際機場出發，可以搭乘名鐵機場線到名鐵名古屋站，然後轉乘近鐵名古屋線直達四日市、津或伊勢等三重縣的主要城市。從大阪出發，可以從難波站搭乘近鐵大阪線直達津市、伊賀市等地，或從JR大阪站搭乘JR關西本線到達

三重縣的龜山市、津市等地。從京都出發，最方便的方式是搭乘近鐵京都線，在大和西大寺站轉乘近鐵橿原線，然後在大和八木站轉乘近鐵大阪線，最終抵達三重縣的主要城市。

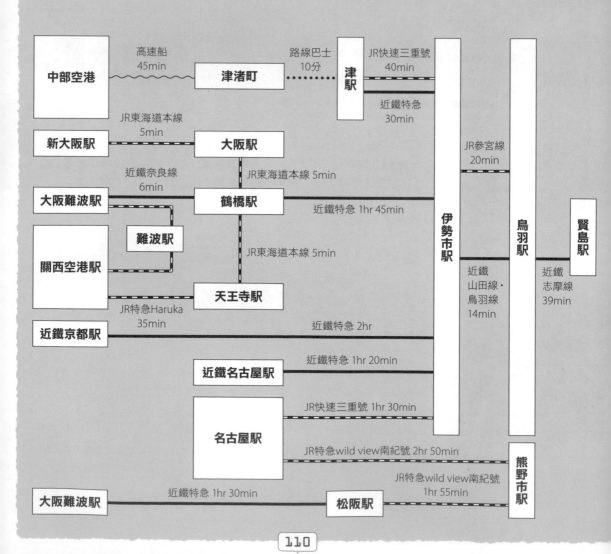

有什麼**優惠車票**適合我？

	伊勢、熊野、和歌山地區周遊券 Ise-Kumano-Wakayama Area Pass	近鐵電車周遊券 KINTETSU RAIL PASS	伊勢、鳥羽、志摩超級周遊券 MAWARYANSE	伊勢神宮參拜套票 SANPAI TICKET
使用區間	關西本線(名古屋站~JR難波) 紀勢本線(龜山~紀伊勝浦~和歌山) 阪和線(和歌山~天王寺) 大阪環狀線 京都線(大阪~東淀川) 參宮線(多氣~鳥羽) 伊勢鐵道(河原田~津) 和歌山電鐵全線 三重交通巴士 熊野交通巴士	近鐵電車全線 伊賀鐵道全線	近鐵電車指定區間 三重交通巴士(松阪・伊勢・鳥羽・志摩區域內) 鳥羽市海鷗巴士 鳥羽市營定期船・志摩海洋娛樂定期船 珍珠穿梭巴士(1次) 22個旅遊設施的入場券	近鐵電車指定區間 三重交通巴士(伊勢・二見・朝熊區域內) 珍珠穿梭巴士(1次)
價格	5天￥16500	1天￥1800 2天￥3000 5天￥4500 5天Plus￥5900	4日＋特急券￥11000 4日￥8600	關西出發3日￥7400 東海出發3日￥6600
有效時間	連續5日	連續5日	連續4日	連續3日
使用需知	・可免費劃位特急普通車廂指定席6次,不包含特急Haruka ・不包含Home liner列車 ・可在和歌山駅、白浜駅免費租用「駅輪君」自行車 東海道線 31min	・本票券為磁卡,可走自動改閘口 ・乘坐特急列車時,需要加購特急券 ・沿線約70個觀光設施等優惠 ・1天、2天票券範圍只連接京都、大阪至奈良 ・5天、5天Plus票券範圍除了奈良也擴大至近鐵全線 ・5天 Plus包含地方公車路線	・近鐵搭乘自由區間:松阪~賢島 ・選擇特急券版本,票價包括出發地點至自由區間的來回特急券,與日期內自由區間的特急券4張 ・除了近鐵,巴士、船班與各地的入場券也都包涵。 ・在各大景點出示票券還能享優惠	・近鐵搭乘自由區間:松阪~賢島 ・票價包括出發地點至自由區間的來回特急券,與日期內自由區間的特急券2張 ・三重巴士指定區間連續3日自由乘坐。 ・歐力士租車享8折優惠
售票處	JR東海售票處:東京、品川、新橫濱、名古屋、京都、新大阪、大阪、關西機場 JR東海TOURS:東京、品川、新橫濱 新大阪JR西日本旅遊櫃檯 名古屋站JR諮詢所	關西機場、中部機場、各大近鐵車站等處	大阪難波、大阪阿部野橋、鶴橋、大和八木、大和西大寺、近鉄奈良、京都、近鉄名古屋等各大近鐵車站	大阪難波、大阪阿部野橋、鶴橋、大和八木、大和西大寺、近鉄奈良、京都、近鉄名古屋等各大近鐵車站
官網	touristpass.jp/zh-tw/ise_kumano/	www.kintetsu.co.jp/foreign/chinese-han/ticket/	www.kintetsu.co.jp/senden/Railway/Ticket/mawaryanse/	www.kintetsu.co.jp/senden/Railway/Ticket/sanpai/
購買身分	非日本籍旅客,購買需出示護照。	非日本籍旅客,購買需出示護照。	任何人	任何人

三重縣

三重縣

A　　　　　　　　B　　　　　　　　C

名神高速道路
←至彦根　　　　　　　　　　　　　　　　→至名古屋
岐阜縣
至多賀
阿下喜駅
愛知縣
三里駅
桑名駅
御在所岳　　新四日市JCT　　　名花之里
湯の山温泉　　　　　　　　伊勢湾岸自動車道
湯の山温泉駅　　　　　　　　ナガシマリゾート
滋賀縣
近鉄　　　四日市駅
四日市　　　　　　長島SPA Land
四日市　　　　　　MITSUI OUTLET PARK
←至京都東　　　　　　　　　　　　　　　爵士之夢長島
新名神高速道路　　　河原田駅　　　中部國際機場
伊賀の里モクモク　　亀山JCT　　　　　　（名古屋）
手づくりファーム　　　　　　鈴鹿　　四日市
柘植駅　　　　　　　　　　コンビナート
亀山駅
伊賀上野駅　　　　　　　鈴鹿
伊賀上野城
←至木津駅　　鈴鹿賽車場
伊賀上野　　　　　　　伊勢湾
奈良縣　　　　　　　　　　津駅
津
伊賀神戸駅　　　　　　　　久居
齋宮歷史體驗館
名張駅　　名張
青蓮寺湖・香落渓　　松阪農業公園＆　　河崎
←至大阪難波　　赤目四十八滝　　HAPPY農園　　伊勢忍者王國
三太夫　　　　　　　松阪駅　　　近鉄鳥羽線
伊勢山上　　松阪城跡　　　伊勢　　夫婦岩
伊勢奥津駅　　飯福山寺　　松坂城跡　　伊勢市駅　　二見興玉神社
多気　　　JR参宮線　　　　鳥羽駅
奥伊勢　　　　伊勢神宮（外宮）　JCT松下　鳥羽
深緑茶房　　　　　　　　　二見　　鳥羽水族館
三瀬谷駅　　　　　伊勢神宮（内宮）　志摩磯部駅　志摩半島
厄除町・托福横丁　　　志摩
志摩磯部駅
賢島駅

熊野古道伊勢路　　志摩スペイン村
（馬越峠）　　　　　パルケエスパーニャ
須賀利漁港
尾鷲駅
尾鷲

熊野
橘ヶ崎
丸山千枚田　　熊野市駅　　鬼ヶ城
花の窟
七里御浜
熊野灘
和歌山縣　　新宮

我要住哪一區最方便？

Point! 跨縣市的旅遊行程，選擇交通便利的地方住宿準沒錯！

❶伊勢市：

擁有二千多年歷史的伊勢神宮以日本第一神宮之尊而備受尊崇，供奉著天照大御神。參拜完伊勢神宮後，千萬別錯過內宮前那條熱鬧的市集「除厄町·托福橫丁」。想慢慢晚最好住一晚。

❷鳥羽：

伊勢鳥羽地區風光明媚，光是近鐵鳥羽車站附近幾個地方就會讓人流連忘返，例如世界人工養殖珍珠港灣、有精彩海豚秀的海豚島，以及飼育850多種水中嬌客的水族館等，伊勢鳥羽可說是處非常富有文化與海洋風情的觀光勝地。

❸賢島：

複雜的侵蝕性海岸線勾勒出曲線動人的海灣美景，志摩的英虞灣則是孕育珍珠的故鄉，平靜無波的海灣內浮著一排排養珠竹筏，同時也是渡假勝地，有許多優質的觀光飯店，適合渡假。

❹津：

這裡雖然不是主要觀光據點，但因為JR東海的紀勢本線和近鐵的名古屋線在此交匯，是通往名古屋、大阪和奈良等地的重要轉乘點。在臨近的津港還有前往中部國際機場的交通船可以搭乘，十分便利。

❺四日市：

四日市有近鐵線、JR線、伊勢鐵道經過。也與伊勢灣岸道路和東名阪自動車道相連接，提供便捷的公路交通選擇。因為交通發達，十分適合作為遊玩三重縣的中心據點，不管到哪裡都算是很方便。

三重縣

伊勢神宮
參拜一日行程

豐受大神宮　皇大神宮　托福橫丁
伊勢烏龍麵　夫婦岩

自古便被日本人認為一生一定要參拜一次，伊勢神宮是至高無上的存在。古代參拜完外宮，再順著森林中鋪著白色砂粒的參道，跨越過宇治橋到內宮參拜。現在置身於蓊鬱的神宮之森，彷彿是神話中的世界，充滿神秘肅穆。

早	**09:00** 伊勢市駅 **09:10** 外宮 **10:40** 內宮
午	**12:00** 厄除町・托福橫丁 　　　　福助／午餐 　　　　參宮歷史館おかげ座 　　　　赤福 **15:00** 二見浦夫婦岩
晚	**16:22** 二見浦駅

二見興玉神社

二見浦駅
Goal！

參宮線

外宮・豐受大神宮

Start！
伊勢市駅

近鐵鳥羽線

托福橫丁

內宮・皇大神宮

日本人心靈信仰聖地
20年一次的式年遷宮

Point! 利用車站的寄物服務，更順暢串聯行程。

Start!

09:00

🚃 **伊勢市駅**
JR參宮線、近鐵山田線

Tips 從伊勢神宮外宮到內宮之間的直線距離有5公里，徒步會很吃力且費時，建議利用行駛於外宮和內宮之間的循環路線巴士。

Tips 伊勢市駅寄物處位在JR伊勢市駅出口，可寄放行李，也可將行李配送至伊勢、志摩、鳥羽的飯店。
價格 寄放行李￥500，行李配送￥1150起

步行 **7分**

南口出站看到巨大的鳥居就是外宮參道

09:10 **豐受大神宮**

停留時間 **1小時**

每天的早上8點和傍晚4點(10月~3月為早上9點和下午3點)會有稱為「日別朝夕大御饌祭」的祭祀，祭祀進行的前後，可以在參道上與穿著日本平安時代裝束、擔負著唐櫃的神官隊伍不期而遇。

地址 三重縣伊勢市豐川町279
時間 5:00~19:00(依季節有所變動)
價格 自由參拜 網址 www.isejingu.or.jp/index.html

三重縣

￥330
巴士 **20分**

至「外宮前」站搭CAN巴士在「內宮前」站下

皇大神宮／內宮 **10:40**

停留時間 **1小時10分**

至御手洗場沾沾五十鈴川的潔淨神水

伊勢神宮的內宮供奉著日本至高無上的天神——天照大御神，從表參道上可看到不遠處的神路山與鳥路山，參拜完可順遊杉木參天的荒祭宮與風日祈宮，眺望到內宮正殿的屋簷在陽光下閃耀著金黃色的光澤，特別有崇敬氣息。

地址 三重縣伊勢市宇治館町1
時間 5:00~19:00(依季節有所變動)
價格 自由參拜

架在五十鈴川上的宇治橋，為人間與神界的界線。

步行 1分

入口位在內宮旁

12:00

厄除町·托福橫丁

停留時間 30分

從伊勢神宮內宮宇治橋一直延伸到門前町「厄除町」，與「托福橫丁」重現了江戶至明治時代的伊勢路代表建築物，在伊勢神宮的庇佑下生生不息。看著現在遊人如織，也能遙想古時伊勢商人們熙來攘往的景象。

地址 三重縣伊勢市
時間 約9:30~17:00，依店家而異

托福橫丁內

步行 1分

12:30 福助

停留時間 40分

伊勢烏龍麵跟別處的烏龍麵大不相同，雪白肥厚的麵條柔軟滑細，配上獨家調製的甜醬油與味酥，口味濃郁卻不死鹹！

地址 三重縣伊勢市宇治中之切町52
時間 10:00~16:30(依季節而異)
價格 伊勢うどん(伊勢烏龍麵)¥560

托福橫丁內

步行 1分

13:10

參宮歷史館おかげ座

停留時間 20分

托福座就像是一個小型展覽館，將江戶時代伊勢神宮前的參拜人潮，用真人的1/2大小的模型重現，除了可以近距離走進街道裡面觀賞，還可以聽到攤販吆喝的聲音！

地址 三重縣伊勢市宇治中之切町52
時間 10:00~16:30(因季節而異)
價格 大人¥400、小孩¥200

內用包含茶水，份量剛剛好。

步行
1分

托福橫丁入口對面

赤福

13:30

停留時間
1小時

赤福是三重縣最有名的點心，一般的和菓子都是麻糬裡包著豆沙餡，而赤福卻是反過來，用綿密細緻的豆沙泥包裹著糯米丸子，清香撲鼻、甜而不膩，果真不愧為伊勢志摩的名物點心。

地址 三重縣伊勢市宇治中之切町26

價格 時間：5:00~17:00

時間 お召し上がり「盆」(現場享用2入＋番茶)
¥250 網址 www.akafuku.co.jp/

¥630

巴士
24分

在「內宮前」站搭乘CAN巴士在「二見総合支所前」站下車，沿二見浦表参道走。

夫婦岩

15:00

停留時間
30分

浮在二見浦東方海面上的夫婦岩可說是二見的象徵，一大一小兩塊岩石分別為男岩和女岩，大的男岩高約8.7公尺，較小的女岩則為3.6公尺，兩塊石頭的中間繫著一條粗麻繩，緊緊地連繫著夫妻間的緣份，象徵夫婦圓滿與良緣。

地址 三重縣伊勢市二見町江575 二見興玉神社

時間 自由參觀

從二見興玉神社可以清楚地看到夫妻岩的正面

三重縣

步行
20分

沿二見浦表参道往回散步至車站

16:00

二見浦駅
JR参宮線

¥540

電車
7分

搭16:15發的JR快速みえ13

16:22

鳥羽駅
JR参宮線、近鐵鳥羽線

Goal！

松阪和牛美食、城下町 一日漫遊

名城　松阪牛　舊伊勢街道　木棉　便當

提到松阪，直覺反應一定很快會想到松阪牛肉，松阪正是日本高級牛肉代名詞「松阪牛」的故鄉。除了美食之外，悠長的歷史風情與商人文化更是為人津津樂道，離開熱鬧的松阪車站往松阪城方向走去又是另一番風情。

早
09:30 松阪駅
10:00 松阪商人館
　　　　松阪木棉手織中心

午
　　　　牛銀本店／午餐
14:00 松阪城跡
　　　　本居宣長紀念館
15:30 1010番地
16:40 松治郎の舗

晚
17:15 宮本屋
19:15 松阪駅

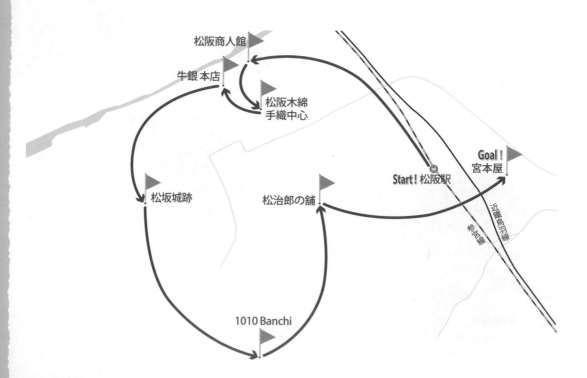

和牛產地朝聖
走走逛逛品嚐道地美味松阪牛

Point!

松阪城下町用走的都能串聯行程，記得帶上好走的鞋子。

Start！

9:30

【松阪駅】
JR紀勢本線、近鐵山田線

Tips

松阪駅出站後步行15分即可達松阪城跡，步行5分到達商店街舊伊勢街道。主要景點用徒步的方式皆可到達。

步行 **13**分

南口出站往右，經過觀光案內所，轉至伊勢街道

10:00

松阪商人館

松阪商人在江戶時代擁有很大的經濟影響力，主要經營松阪木棉(布疋)和相當於銀行角色的兌換業，店舖遍及江戶城(東京)、京都與大阪。松阪商人館就是小津清左衛門家的房屋，現在加以整修公開展示舊小津清左衛門家以及松阪商人的資料。

停留時間 **30**分

地址 三重縣松阪市本町2195
時間 9:00~17:00(入場至16:30)
休日 週三、年末年始
價格 成人￥200，6~18歲￥100

Tips

松阪市觀光協會位在松阪車站前的松阪市觀光案內所十分顯目，一出車站就可以找到。建議一抵達松阪就來這裡拿份地圖，城下町悠閒地散步。還可以寄放大型行李、租借腳踏車、輪椅等，十分便民。
交通 松阪駅出口1出站即達
時間 9:00~18:00

步行 **3**分

往回走第路口右轉即達

10:40

松阪木棉手織中心

隨著松阪商人進入江戶城做生意，松阪木棉大受歡迎，後來則因為機器紡織的誕生，手織品市場逐漸衰退，松阪木棉的市場也大量萎縮，織造師傅也逐漸凋零。1981年在松阪市民的努力下舉辦松阪木棉的手織學習會，從文獻資料中找回失傳已久的織法與圖案花樣，並成立松阪木棉中心加以保存。

停留時間 **1**小時

地址 三重縣松阪市本町2176 松阪市產業振興センター1F 時間 9:00~17:00 休日 週二
價格 プチ織姬體驗￥1300，體驗時間1小時，須3天前預約 網址 matsusakamomen.com

有興趣還可以體驗自己織布

三重縣

步行
3分
出店右轉第一個路口右轉即達

12:00

牛銀本店

停留時間
1.5小時

牛銀是創業於明治35年的牛鍋(壽喜燒)屋，招牌料理採用宰殺後、再放個二週靜待熟成的松阪牛肉，鮮紅色的肉片上有著如霜降般的雪白油脂。食用時將鐵鍋塗滿溶化的牛脂、鋪上肉片後，加入砂糖和醬油調味，略略燒煮即可取出沾上蛋汁食用，口感鮮滑嫩香。

地址 三重縣松阪市魚町1618
時間 11:00~20:00(L.O.19:00，入店至18:45)
休日 週一、年末年始、不定休(詳見官網)
價格 すきやき 梅(壽喜燒 梅套餐)￥8833
網址 www.gyugin-honten.co.jp
備註 最少需2人一鍋

步行
10分
經過大手通即達

14:00

松阪城跡

停留時間
40分

松阪城是戰國時代武將蒲生氏鄉，奉豐臣秀吉之命所修築的名城，高聳堅固的城牆是用巨大的石塊所堆砌，再加上外圍的護城河，可謂固若金湯。如今的松阪城只剩下外圍城牆，城址內則規劃為公園，種滿了櫻花與銀杏樹，成為松阪市民休憩的場所。

地址 三重縣松阪市殿町　時間 自由參觀

步行
6分
位在松阪城公園南側

14:50

本居宣長紀念館／鈴屋

停留時間
30分

本居宣長出生於松阪的商人之家，從小便飽讀經書，一路醉心研究，也造就了他國學大師的聲望。位在松阪城公園內的「本居宣長紀念館」裡收藏著他的珍貴手稿與相關文獻。而在紀念館旁的鈴屋，則是其舊居所。

地址 三重縣松阪市殿町1536-7　時間 9:00~17:00(入場至16:30)　休日 週一(遇假日順延一天)、年末年始　價格 本居宣長紀念館・舊宅共通券成人￥400，大學生￥300，小學4年級~高中生￥200　網址 www.norinagakinenkan.com

1909年房舍移築至現址，忠實呈現本居宣長的居所。

步行 10分 經過御城番屋敷繼續直走接新町通

15:30 1010番地

停留時間 40分

店名就是地址的1010番地由主廚小泉直也經營；於製菓學校畢業後他選擇在松阪落腳，以精湛手藝引來各地的人前來排隊購買，為了服務想要在店內享用的人，特地開闢一處下午茶區，店內也陳列許多包裝精美的洋菓子，是松阪人氣伴手禮。

地址 三重縣松阪市新町1010
時間 10:00~18:00(Café L.O.17:30) 休日 週三(遇假日照常營業) 價格 切片蛋糕約￥486起
網址 1010banchi.co.jp

步行 10分 走新町通，到伊勢街道左轉

16:40

停留時間 20分

松治郎の舖 松阪本店

日本知名的蜂蜜名店「水谷養蜂園」在三重起家，第一代店主松治郎在大正元年開始養蜂事業，傳承至今已經傳到第三代。以松治郎為名的蜂蜜店內販售的蜂蜜可以分為日本產的「蜜匠」系列與海外產兩大類。除了蜂蜜之外，更致力推廣蜂蜜的益處，並研發了多項以蜂蜜為主要原料的商品。

地址 三重縣松阪市中町1873
時間 10:00~1/:30
休日 週四(遇假日照常營業) 價格 蜂蜜冰淇淋最中￥380
網址 www.matsujiro.co.jp

蜂蜜冰淇淋最中，是來到這裡必嚐的人氣美味。

三重縣

步行 12分 往松本駅方向，再往南到平交通左轉

17:15 燒肉ホルモン 宮本屋

停留時間 2小時

宮本屋採用純正松阪牛肉，從各種牛雜到高級的霜降和牛燒肉都有，肉質鮮嫩不軟爛，尤其是將烤好的肉沾上宮本屋自製的沾醬享用，香甜甘醇卻不會搶走肉質本身的鮮美，吃再多也不會膩。

地址 三重縣松阪市京町1區26-1 時間 11:30~15:00，16:00~21:00 休日 週日
網址 www.miyamotoya.net

步行 1分 不必順著原路，到北口只要1分鐘

19:15 松阪駅

JR紀勢本線、近鐵山田線

Goal !

伊賀上野一日忍者體驗行程

城下町　忍者博物館　松尾芭蕉
俳句　和菓子

伊賀上野是伊賀忍者的發祥地,也是俳聖松尾芭蕉的故鄉,是處被山嶺所圍繞的盆地。以伊賀上野城為中心,整個伊賀上野採棋盤式格局,白壁屋瓦的日式平房建構出特有的古城風情,又有「小京都」的雅號。

早
09:30 上野市駅
09:40 上野公園
　　　上野城
　　　俳聖殿
　　　伊賀忍者博物館

午
　　　伊賀くみひも 組匠の里
13:10 ニカク食堂／午餐
14:30 菅原神社
　　　いせや

晚
16:00 上野市駅

漫步城下町
尋找忍者與排聖的遺跡

Tips 自上野市駅出站後可步行至各個景點，知名的上野公園、伊賀忍者博物館徒步10分內可到達。

Start！

9:30 上野市駅
伊賀鐵道

步行 **7分** 出站左轉至上野城公園即達

9:40 ### 上野城
停留時間 **1小時**

上野城為17世紀初的築城名將藤堂高虎所築，別名「白鳳城」，護城石垣(石牆)格外高聳，在當時是日本第一高的石垣，氣勢自然恢宏不凡。上野公園內除了上野城外，還有俳聖殿、伊賀流忍者博物館等觀光景點可以順遊。

順遊推薦

伊賀忍者電車

想利用鐵道來到伊賀上野只有一條路線，即是坐上伊賀鐵道的專屬忍者列車。走在伊賀鐵道上的忍者電車的列車外觀是由漫畫《銀河鐵道999》的作者松本零士所設計，綠色、粉色、藍色3種不同忍者角色運行在鐵道上，穿梭於伊賀鄉間風景。

地址 三重縣伊賀市上野丸之 112-1
時間 伊賀上野城9:00~17:00(入館至16:45)
休日 12/29~12/31
價格 天守閣門票￥600；三館共通券(伊賀上野城・忍者博物館・だんじり会館)￥1750
網址 igaueno-castle.jp

步行 **5分** 走堀の道即達

俳聖殿外觀是以芭蕉翁的旅姿為設計靈感

10:40 ### 俳聖殿
停留時間 **20分**

為了慶祝松尾芭蕉的300歲誕辰紀念，昭和17年(1942年)時於上野公園修築了一座「俳聖殿」，殿裡放置了一尊芭蕉翁暝想像的伊賀燒。每年10月12日，也就是芭蕉的忌日時會在這裡舉行「芭蕉祭」和全國俳句大會，是日本俳句迷們絕不會錯過的精彩盛事。

地址 三重縣伊賀市上野丸之內117-4
時間 自由參觀

三重縣

步行
1分
11:00
就在俳聖殿旁

伊賀忍者博物館

伊賀流忍術講究的是靈機應變、神出鬼沒擾亂對手的判斷能力；忍者博物館讓你親身體驗忍者的生活、服飾及功夫。而在博物館後方的表演廣場，更有真正的忍者表演各種兵器的用法、打鬥的招式等。

地址 三重縣伊賀市上野丸之 117

時間 10:00~16:00(入館至15:30)，週六例假日至16:30(入館至16:30)

休日 12/29~1/1

價格 高中生以上￥800，4歲~國中生￥500；手裏劍體驗6枚￥300，忍者秀￥500

網址 www.iganinja.jp

步行
5分
12:30
上野公園內

伊賀くみひも 組匠の里

「組鈕」(くみひも)是由幾條彩繩編織成的帶子，常用來綁在和服腰帶上或當作經卷繩、神具、武器的墜飾。伊賀自古以來就是日本組鈕生產的重鎮，在組匠之里裡可透過錄影帶播放了解伊賀組紐的歷史與編結方法，也有各式成品販賣。

停留時間
40分

地址 三重縣伊賀市上野丸之 116-2

時間 9:00~17:00 休日 週一(遇假日照常營業)

價格 自由參觀；くみひも体験(組鈕體驗)￥1500

網址 www.kumihimo.or.jp/index.html

可以親自體驗編結伊賀組紐，手作鑰匙吊飾或是手環。

出館後右轉走銀座通，穿過鐵道即達

步行
5分
13:10

ニカク食堂

位在上野市駅前的「弐鶴(ニカク)食堂」，創業自大正6年(1917年)，店內充滿昭和時期的復古氣氛，餐點皆是使用伊賀當地食材製作，白米、清酒、黑米烏龍麵、肉類(牛、豬、雞)、蔬菜、味噌等。

停留時間
1小時

地址 三重縣伊賀市上野丸之內42-9

時間 11:00~15:30(L.O.15:00)、17:00~22:00(L.O.21:30) 休日 週三、每月最後1個週二

價格 ニカク定食￥1000

網址 www.iga-nikaku.com/

步行 5分

出店門左走，至本町通左轉即達

14:30

菅原神社

位在上野城下町內的菅原神社又稱上野天神宮，當地人常稱「天神さん」，其主祈求學問之神菅原道真，與出身伊賀的松尾芭蕉也有著密不可分的關係。建於江戶時代的神社樓門與鐘樓也指定為有形文化財，每年10月下旬連3天舉行的「上野天神祭」更是伊賀當地的盛大祭典。

停留時間 30分

(地址) 三重縣伊賀市上野東町2929
(時間) 自由參觀

步行 1分

在神社斜前方路口

13:10

いせや

停留時間 20分

位在城下町お菓子街道內的「いせや」，是伊賀當地創業百年的和菓子老舖，店內的米類製品皆是使用當地的伊賀米製作。其中店內販售象徵結緣的吉兆千代結び及名物草ころ，是已登錄商標的商品；由伊賀米製成的七兵衛糰子是最棒的散步美食。

(地址) 三重縣伊賀市上野新町2755-2
(時間) 8:30~18:00
(休日) 週二(遇假日照常營業，擇日補休)、年始、盂蘭盆節 (價格) 七兵衛だんご(七兵衛糰子) ¥110 (網址)
www.kashi-iseya.co.jp

順遊推薦

養肝漬 宮崎屋

已有150年歷史的「養肝漬宮崎屋」店家招牌養肝漬使用伊賀當地的白瓜挖取芯籽，塞入紫蘇、生薑、蘿蔔等，最後以自家的醬油醃漬而成。

(地址) 三重縣伊賀市上野中町3017
(時間) 9:00~18:00，12/31至12:00
(休日) 第2、3個週四(8、12月無休)、1/1
(價格) 養肝漬一年熟成仕込み¥540
(網址) www.ict.ne.jp/~myzky/

鎌田製菓店

鎌田製菓是伊賀上野市製作堅餅的商店，堅餅(かたやき)就是伊賀忍者當作緊急糧食的乾糧，用小麥粉、山芋和砂糖製作的堅餅，食感馨香、咬碎即溶。

(地址) 三重縣伊賀市上野丸之
8-31 (時間) 8:00~12:00、
14:30~17:00 (休日) 不定休

七兵衛糰子有御手洗甜鹹與烤醬油兩種口味。

步行 7分

往回走本町通，至伊賀新天地商店街右轉即達

16:00

上野市駅
伊賀鐵道

Goal！

熊野市 品味濤聲與潮風 的海邊一日行

早
09:00 熊野市駅
09:31 鬼ヶ城
11:15 花の窟神社

午
お綱茶屋 / 午餐
13:00 產田神社
14:30 七里御浜
紀南Tour Design Center
志ら玉屋
熊野市駅前特產品館

晚
16:00 熊野市駅

熊野市位在三重縣最南端,隔壁就是和歌山縣,坐擁筆直的美麗海岸線,是一段可以夏天觀潮、春日賞櫻的美麗路線,由於熊野古道也有一段經過此處,若要當做歷史健行路線也別具風情。

海天一色美景當前
周末公車散步行

Point! 景點分散，在週末、假日時可以利用當地的周遊巴士做景點移動

Tips 熊野市市街地周遊巴士運行路線：鬼ヶ城、花の窟、産田神社、熊野市駅前、記念通り商店街、熊野古道松本峠等地

(時間) 週六日例假日運行，車次一天7班；鬼ヶ城首班8:00，末班16:30；熊野市駅前首班8:35，末班17:05

(休日) 熊野大花火大會期間運休

(價格) 1日券¥200

Start!

9:00

熊野市駅
JR紀勢本線

Tips 平日租借腳踏車，可在熊野市觀光協會/熊野市觀光公社、花の窟神社 お綱茶屋、鬼ヶ城センター(鬼ヶ城中心)、熊野古道おもてなし館等6個地方借還。租借腳踏車(保證金¥2000/台)：3小時內¥500、3小時~1天¥1000。

一日券
巴士 7分
搭9:25的熊野市市街地周遊巴士

鬼ヶ城
9:31

(停留時間) 1.5小時

鬼ヶ城，顧名思義是個地形非常崎嶇詭異的地方，由於三重縣熊野地區海岸地質為凝灰岩容易受海水侵蝕變形，形成延綿1公里的奇岩地形。當地人為鬼ヶ城取了許多名字，如「鬼之見張場」(鬼的看守處)、「水谷」、「鬼之洗濯場」、「蜂之巢」等。

(地址) 三重縣熊野市木本町　(時間) 自由參觀

一日券
巴士 12分
搭11:00的熊野市市街地周遊巴士
至「花の窟」站

高45公尺的巨石是眾神之母的參拜所，傳說女性到此將雙手緊貼於岩石上就能得到力量。

朱印 300 円

11:15

花の窟神社

(停留時間) 30分

在日本最早的史書《日本書紀》中登場的伊弉內尊被稱為「眾神之母」，其供奉於花の窟神社內，因此人們將此處認為是神靈的根源，其神體為高45公尺的巨大岩石，一旁為其子火神軻遇突智尊的墓所。花の窟神社於2004年登錄為世界遺產。

(地址) 三重縣熊野市有馬町130
(時間) 自由參觀

三重縣

步行 1分 就位在神社內

お綱茶屋 **11:50**

停留時間 30分

在花の窟神社有一處休息站「お綱茶屋」，販售熊野當地的農產品、食堂、資料展示館等，其中最特殊的是熊野當地產的古代米(いざなみ米)，類似紫米的米飯再加工製成古代米飯糰、烏龍麵，或是熊野特產秋刀魚壽司(さんま壽司)和柿葉壽司(めはり壽司)等。

地址 三重縣熊野市有馬町137 (花の窟神社內)
時間 賣店10:00~17:00(依季節而異)，食堂11:00~14:00
價格 茶屋ランチ(茶屋午間套餐)¥650，いざなみ米入りみたらし団子(古代米御手洗團子)1串¥100

步行 20分 穿過清水川公園、黃泉平坂繼續直行

13:00

產田神社
撿石頭能預測生男生女？

神社境內一片佈滿白色石頭的地方被視為神靈聖地，也有一傳說，如懷孕婦女背對撿拾石頭，呈圓型的可能會生女生、圓錐型的即可生男生。境內的白石地嚴禁穿鞋進入，如想要參拜本殿記得換上神社準備好的草鞋才准許進入。

產田神社

傳說中產田神社為神之母伊弉冉尊生下火車軻遇突智尊的地方，故此處也是祈求安產的神社，另外這裡也是秋刀魚壽司(さんま壽司)的發祥地。

停留時間 40分

一日券 **地址** 熊野有馬町1814 **時間** 自由參觀

搭13:46的熊野市市街地周遊巴士至「熊野市駅前」站再往海邊走6分

巴士 9分 **七里御浜**

14:30

全長22公里的七里御浜，從熊野市延綿至紀寶町，是日本最長的海岸，其沙灘鋪滿被海潮沖刷而成的圓潤鵝卵石，修長柔緩，被選為「日本之渚百選」。每年8月中的熊野花火大會也是夏日一大盛事。

停留時間 30分

地址 三重縣熊野市木本町
時間 自由參觀

獅子岩是一座高25公尺、寬厚210公尺的巨大奇岩，獅子張開巨口彷彿在朝大海狂吼。

沿著沙灘向鬼ヶ城方向，至木本町左轉

步行 10分

停留時間 **30分**

紀南Tour Design Center

15:10

改建自明治20年(1887年)的和風建築，其在明治時代為當時林業家代表的奧川吉三郎的私宅，興建用料相當貴重，時至今日依舊保存完好。目前這處古民家成為旅客服務中心，建築構造未作更動，連廚房也保有古代民家風格，並於室內展出當地作家製作的陶器、木製品等作品。

地址 三重縣熊野市木本町517-1

時間 9:00~17:00　休日 週三、12/29~1/3

價格 自由參觀

步行 4分　朝車站方向，走記念通商店街即達

志ら玉屋

15:50

停留時間 **30分**

這間位在車站周邊的老店由一對年邁的老夫妻經營，老闆每天將煮好的糯米舂好，再包入事先做好的豆沙餡最後放入蒸籠內，白胖胖的饅頭即完成。

地址 三重縣熊野市木本町424-8

時間 8:30~19:00

休日 隔週週一(遇假日照常營業)

價格 志ら玉1個¥110

三重縣

步行 7分　沿記念通商店街朝車站方向走，在車站對面

熊野市駅前特產品館

停留時間 **30分**

16:00

熊野嚴選特產、美食都在這裡，像是熊野地雞、產自千枚田的白米、熊野盛產的蜜柑、使用當地那智黑石製成的小物等等，在坐車之前不妨來店內選購熊野伴手禮。

地址 三重縣熊野市井 町656 3(JR熊野市駅前)

時間 9:00~18:00　休日 12/30~1/2

特產「新姬」柑橘也有出飲料、糖果、冰淇淋等。

步行 1分　對面即是車站

16:30

🚃 熊野市駅
JR紀勢本線

Goal！

伊勢志摩海天二日逍遙遊

`半島` `西班牙村` `英虞灣` `珍珠` `海女`

志摩是處伸入海中的半島,南側面對著太平洋,是日本知名的龍蝦和鮑魚的盛產地;北側則是美麗的英虞灣,海灣上一字排開的養珠竹筏在夕陽的映照下,有種無法言喻的美感,是志摩的代表美景。

DAY1

早
08:00 近鐵京都駅
10:55 近鐵上之鄉駅
伊雜宮

午
中六/午餐
13:10 近鐵賢島駅
西牙帆船希望號
松井真珠店

晚
15:00 AmanNemu

近鐵上之鄉駅 **Start!**

近鐵志摩線

志摩西班牙村

近鐵賢島駅

安縵伊沐

Goal! 神明神社

海女小屋相差竈

DAY2

早
10:03 西班牙村

午
14:10 海女小屋／午餐
16:10 相差駅
神明神社
五左屋

晚
20:00 近鐵京都駅

海天一色
乘著島風前往最美的島嶼綠洲

Point! 入住一晚高級飯店，能體會坐擁海景風光的絕對奢華。

Start!

Tips 玩志摩最好的交通方法為搭近鐵電車再轉乘巴士。在近鐵志摩線上的主要大站，志摩磯部駅、鵜方駅、賢島駅前皆有路線巴士停靠。

8:00
京都駅 近鐵京都線

¥4560

搭電車 2小時45分　搭8:10的近鐵特急，至「鳥羽」換乘10:31的普通車

近鐵特急 島風號

近鐵特急島風號純白與天藍的優雅身形閃閃發亮，頭尾是藍綠色鑽石型展望玻璃車頭，大片觀景窗創造毫無死角的透明開放感。座椅前後間隔125公分，寬敞舒適，並且有全日本首度配備電動可調式充氣靠墊，甚至還有電動按摩功能，紓解旅途的勞累，再奢華的火車旅行也不過如此。

路線 大阪難波～賢島、京都～賢島、近鉄名古屋～賢島，共三路線　價格 大阪難波～賢島¥5460、京都～賢島¥6150，近鐵名古屋～賢島¥5060　網址 www.kintetsu.co.jp/senden/shimakaze　備註 需事先預約

10:55
上之郷駅 近鐵志摩線

步行 3分　出站往右再立刻左轉即達

11:00

伊雜宮

停留時間 **30分**

伊勢神宮作為日本至高無上的信仰，是每個人一生必前往朝聖的聖地。而作為內宮(皇大神宮)別宮的伊雜宮每二十年也要「式年遷宮」，其鎮守志摩地區，默默守護著地方。地方人們自古便在這裡祈求豐作，每年都會舉辦的御田植式更是重要無形民俗文化財，也是日本三大田植祭典之一。

地址 三重縣志摩市磯部町上之 374
時間 自由參觀

伊雜宮入口鳥居的斜對角

步行 1分

中六

停留時間 **1.5小時**

11:30

中六原為旅館，爾後專賣鰻魚料理，口耳相傳成為當地名店。這裡的鰻魚用丼碗裝盛，價格也因鰻魚的枚數而異，從三片到五片，可以依自的食量選擇。中六的鰻魚肉厚富油脂，外皮烤得香脆，肉質彈牙，一口咬下各有層次，而飯上也充分拌了醬汁，鹹香滋味讓人到最後一口都大大滿足。

地址 三重縣志摩市磯部町上之郷392
時間 11:00~14:00，16:00~18:00
休日 不定休　價格 鰻魚丼4片¥2440

與關東口味不同的鰻魚飯香Q甘鹹，一吃難忘。

三重縣

順遊推薦

橫山展望台

從橫山展望台上可以眺望到美麗的英虞灣海岸線,以及海灣上大大小小約60多座小島,尤其是夕陽西下時,如黃金腰帶般耀眼的海面上,浮著呈幾何圖案分佈的養珠竹筏,美的不可方物,成為伊勢志摩最具代表性的美景。

交通 近鐵鵜方駅前搭乘計程車約10分可達
地址 三重縣志摩市阿 町鵜方875-20
時間 自由參觀

專賣店內有許多
店家設計款

¥320

電車 15分　搭12:55往賢島的普通車即達

13:10　賢島駅　近鐵志摩線

步行 1分　出站直行即達
乘船處

13:30　### 西班牙帆船 希望號

停留時間 **50**分

從賢島可搭乘巨型帆船狀的賢島遊覽船「希望號」,周遊英虞灣一圈約50分鐘,悠遊在英虞灣的珍珠竹筏間,欣賞蔚藍的海景與美麗的侵蝕性海岸地形,心情無限暢快。因為都在離岸很近的海灣內航行,所以不容易暈船,可以安心欣賞英虞灣的海上風光。

地址 9:30~15:30(12:30無發船),每半點發船,航程約50分鐘
休日 1~2月約2週定期檢查期間
價格 國中生以上¥1700,4歲~小學生¥900;希望號特別室「イサベラ」國中生以上¥400,4歲~小學生¥200
網址 shima-marineleisure.com/espana

步行 1分　就位在賢島港乘船處前

14:30　### 松井真珠店

停留時間 **30**分

松井真珠店創業於明治33年(1900年),是跨越百年以上的珍珠老舖,初期販售天然珍珠,大正晚期起開始養殖半圓珍珠,昭和4年因賢島觀光地的開發而將店移至現址,一待便近百年。老舖內擺滿了各式珍珠飾品,更可以體驗珍珠加工,製作出屬於自己獨一物二的珍珠飾品。

地址 三重縣志摩市阿児町神明733-4
時間 9:00~17:00
網址 matsui-pearls.com/

接送
20分
飯店提供從近鐵賢島站的
接送服務，需先預約

Amanemu **15:30**

全球連鎖酒店集團安縵選擇在伊勢志摩
國立公園內綿延起伏的山丘上打造一間全日
本最美的山林秘境旅館──「Amanemu安縵伊
沐」，汲取了傳統日式溫泉旅館的典型美學與融
合當代極簡美學，以現代的方式演繹日本民家建
築，呈現日本獨特的溫暖及尊重的「待客之道」，
提供至上的服務。

地址 三重縣志摩市浜島町迫子2165
時間 Check in 15:00 / Check out 12:00
網址 www.aman.com/ja-jp/resorts/amanemu

Stay！

Start！ ．DAY2

9:00

賢島駅
¥780 近鐵志摩線

電車
4分

搭9:30開往名古屋
的特急

9:34

鵜方駅
近鐵志摩線

停留時間
3小時

¥450

志摩西班牙村

巴士
12分

車站南口搭9:50開往志摩西
班牙村的59號巴士

10:03

西班牙村，是一座以西班牙風情打造的景
點，園內分為巴塞隆納、地中海及郊外古城
等區域，設施有Parque Espana(パルケ エ
スパーニャ)遊樂園、飯店、溫泉區等。遊樂
園內除了刺激的海盜船、雲霄飛車，還有熱鬧
非凡的歌舞遊行、動畫劇場等。

地址 三重縣志摩市磯部町坂崎下山952-4
時間 9:30~17:00(依季節而異) **休日** 1月上旬~2月
上旬、6月下旬 **價格** 一日護照¥5400
網址 www.parque-net.com

三重縣

¥450

巴士
13分 搭12:50開往鵜方駅的59號巴士

13:05
鵜方駅
近鐵志摩線

¥460

電車
21分 搭13:20開往伊勢中川的普通車

13:41
松尾駅
近鐵志摩線

¥400

巴士
17分 出站至「松尾駅口」站搭13:48發的海鷗巴士（Kamome Bus）至「畔蛸口」站下車步行6分

14:10

海女小屋 八幡窯

停留時間
1.5小時

伊勢志摩的海女人數占全日本第一，而其中又以相差這裡人數最多。海女是一種職業，每年3月到9月期間，海女們只帶著潛水鏡潛入深水去抓龍蝦、蠑螺和鮑魚等。現在來到海女小屋，海女們利用漁暇時間來為客人燒烤美味，示範海女的作業流程，興致一來還會載歌載舞呢！

地址 三重縣鳥羽市相差町819
時間 10:00~17:00(預約制，詳見官網)
休日 1/1~1/5、8/13~8/15、12/30~12/31
價格 海女小屋料理體驗(1小時15分)成人¥4500，小孩¥2500
網址 amakoya.com

順遊推薦

丸善水產

除了海女小屋之外，還可以選擇到牡蠣的產地享用鮮美烤蚵。推薦能到丸善水產，不新鮮的絕不端上桌，而且牡蠣採收後會再除菌，確保安全品質，每到產季總是聚滿饕客。

電話 0599-32-5808
地址 三重縣鳥羽市浦村町1229-67
時間 海上牡蠣吃到飽(80分)預約制
價格 海上牡蠣吃到飽¥3300
網址 www.maruzensuisan.com/

海女文化

三重的海女文化中，有兩個奇妙的避邪紋樣，一是用一筆劃出來的五芒星，起點與終點都在同樣位置，象徵魔物無法從空隙侵入，海女能平安回到原地之意。另外由五橫四豎與組成的格子紋樣，則是因為看起來出入口不明，能讓魔物知從何入侵。神明神社的御守上也硬有此兩紋樣。

在「畔蛸口」站搭16:03發的海鷗巴士（Kamome Bus）至「相差（石神さん前）」站下車步行4分

¥200
巴士
2分

16:10

神明神社

神明神社中有個會實現每個女孩一個願望的「石神さん」，早期是海女們的堅定信仰，近年來在女孩間口耳相傳，成為人氣景點。只見小小的拜殿前女孩們排隊等待祈願，步驟是先把心願寫到專用紙上，接著把紙放到拜殿前的箱子，誠心祈禱便能成真。

停留時間
20分

地址 三重縣鳥羽市相差町1237　時間 自由參觀

社內的「石神さん」可以保佑女性心想事成

沿路走回即會看到

步行
5分

16:30

停留時間
30分

五左屋

利用昭和時期的古民家改建而成，由當地觀光協會經營的複合空間，還留著當時的座敷、廚房模樣，十分雅趣。現在這裡將2樓改成咖啡，除了一般飲料，也能品嚐當地產心太(類似石花凍)。而1樓則有物產販售、海女資料館，散步途中不妨來這裡看看。

地址 三重縣鳥羽市相差町神明神社參道1406　時間 9:00~17:00(L.O.16:30)

網址 osatsu.org/gozaya/

¥600
巴士
34分

在「相差（石神さん前）」站搭16:39發的海鷗巴士（Kamome Bus）至「鳥羽駅」站

17:13

鳥羽駅
近鐵志摩線

¥4380
電車
2小時28分

搭17:32發的近鐵特急，至「大和八木」轉乘19:11的特急至京都

20:00

京都駅
近鐵京都線

以潮香與海女為意像，分成藍色與粉色兩種味道，上頭還印有海女的五芒星與格子紋樣。

Goal !

滋賀縣排行程入門指南

京都府　滋賀縣　三重縣
和歌山縣　奈良縣

湖水之國滋賀縣擁有全日本最大、湛藍澄澈的「琵琶湖」。這座日本最大的湖泊如一顆梨形的藍寶石鑲在滋賀中心，自古以來便以日本最美的景色而名揚天下，像是源於明應9年(1500年)以描述琵琶湖南部景觀的「近江八景」，和自1950年被指定為國家公園後，所遴選出來的「琵琶湖八景」。

我到滋賀觀光要留幾天才夠？

天氣跟台灣差很多嗎？

什麼季節去最美？

A

許多有名的觀光景點都圍繞在琵琶湖畔，溫泉、日本名城或是和風氣息濃厚的傳統街道都讓人醉心，四季皆宜遊覽。由於琵琶湖面積比2個台北市還要大，特地前往的話**3至4天都玩不完**。可以從京都鎖定一個景點來做**日歸旅行**，若能安排**2天1夜**的小旅行，則會較為充裕。

A

琵琶湖四季分明，夏季靠湖水調節溫度，比京都、台北宜人。唯獨**冬季氣溫較低**，尤其是靠近湖邊的北邊地區會有降雪和寒風。相比台灣較溫暖的冬天，琵琶湖的冬季需要更多的保暖措施。對於不習慣寒冷天氣的遊客，特別是高山地區，就需要準備適當的衣物。

A

春秋兩季賞櫻觀楓，在湖邊和比叡山的景色尤為迷人。**夏季適合各種水上活動**，如划船、游泳和釣魚。琵琶湖周邊的夏季祭典和煙火表演也非常熱鬧。冬季的琵琶湖雖然氣溫較低，但此時可以**欣賞到雪覆蓋的湖景和山景**，在大津、高島等地也有滑雪場。

有了基本認識後，現在就來打造最適合自己的旅遊行程吧！

從機場、京都大阪市區
要搭什麼車進入滋賀？

從關西國際機場出發，可以搭乘JR特急
Haruka到大阪、京都站，然後轉乘JR東海道
本線（琵琶湖線）直達滋賀縣內的主要城市，
如大津和草津。若是從大阪出發，最直接的
方式是從大阪站或新大阪站搭乘JR東海道本
線，這條線路經過多個滋賀縣的車站，包括

大津、草津和米原等主要城市，車程約40分
鐘至1小時。從京都出發，可以在京都站搭乘
JR東海道本線（琵琶湖線）快速列車，只要約
20至30分鐘即可抵達大津、草津等滋賀縣內
的主要城市。

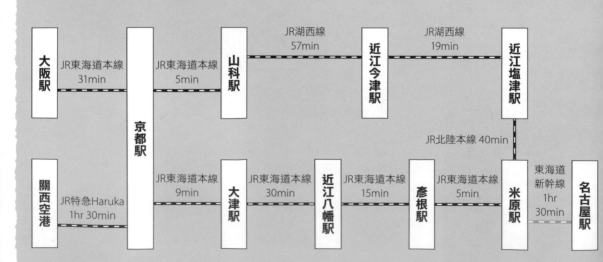

| 大阪駅 | JR東海道本線 31min | 京都駅 | JR東海道本線 5min | 山科駅 | JR湖西線 57min | 近江今津駅 | JR湖西線 19min | 近江塩津駅 |
| 關西空港 | JR特急Haruka 1hr 30min | | JR東海道本線 9min | 大津駅 | JR東海道本線 30min | 近江八幡駅 | JR東海道本線 15min | 彦根駅 | JR東海道本線 5min | 米原駅 | 東海道新幹線 1hr 30min | 名古屋駅 |

JR北陸本線 40min

有什麼**優惠車票**適合我？

	JR關西地區鐵路周遊券 JR Kansai Area pass	JR關西廣域鐵路周遊券 JR Kansai WIDE Area pass	關西周遊卡 KANSAI THRU PASS	近江鐵道2日券 Ohmi Rail 2-Day Pass
使用區間	JR在來線：西至上郡‧播州赤穂、北至日吉、東至米原‧敦賀，南至和歌山 京都市營地下鐵 京都市內京阪電車	山陽新幹線(新大阪~岡山) JR在來線：西至倉敷‧鳥取、北至城崎溫泉、天橋立、東至米原‧敦賀，南至白濱‧新宮 丹後鐵道全線 和歌山電鐵全線 智頭急行(上郡~智頭) 西日本JR巴士：高雄‧京北線 (京都~周山)、若江線 (近江今津~小濱)	京都、大阪、神戸、比叡山、姬路、和歌山、奈良、高野山的私鐵電車、地鐵與巴士(有一定範圍)，範圍幾乎涵蓋了整個關西地區	近江鐵道全線 彥根城下巡回巴士 近江巴士 (神崎線、御園線、日八線、長命寺線)
價格	1天¥2800　2天¥4800 3天¥5800　4天¥7000	5天¥12000	2天¥5600 3日¥7000	2天¥2000
有效時間	連續1/2/3/4日	連續5日	任選2/3日	連續2日
使用需知	‧無法搭乘新幹線 ‧僅能搭乘自由席 ‧可搭乘關空特急Haruka自由席	‧僅能搭乘自由席，否則需另購買特急/指定席券 ‧可搭乘關空特急Haruka自由席 ‧無法搭乘東海道新幹線 (新大阪~東京)、山陽新幹線 (岡山~博多) ‧可在奈良駅、米原駅、彥根駅、近江八幡駅、石山駅、神戸駅、和歌山駅、白浜駅等站免費租用「車輪君」自行車	‧不可搭JR鐵路 ‧本票券為磁卡，可走自動改閘口 ‧沿線260處主要觀光設施的優惠折扣	‧搭車時，出示紙本票卡給司機看即可 ‧近江巴士包涵神崎線、御園線、日八線、長命寺線全線；八幡市線、船木線、江頭線的一部分區間 ‧無兒童票，只能乘車當日購票且售出不退
售票處	京都、新大阪、大阪、三之宮、關西機場、奈良、和歌山等各站的JR售票處，或在網站、旅行社購買，到日本再至窗口領取票券	京都、新大阪、大阪、三之宮、關西機場、奈良、和歌山、福知山、岡山等各站的JR售票處，或在網站、旅行社購買，到日本再至窗口領取票券	關西機場旅遊專櫃、梅田、難波與新大阪等地的遊客指南中心	米原、彥根、八日市、貴生川、近江八幡等近江鐵道窗口
官網	www.westjr.co.jp/global/tc/ticket/pass/kansai/	www.westjr.co.jp/global/tc/ticket/pass/kansai_wide/	www.surutto.com/kansai_rw/zh-TW/	www.kintetsu.co.jp/foreign/chinese-han/ticket/
購買身分	非日本藉旅客，購買需出示護照。	非日本藉旅客，購買需出示護照。	非日本藉旅客，購買需出示護照。	非日本藉旅客，購買需出示護照。

滋賀縣

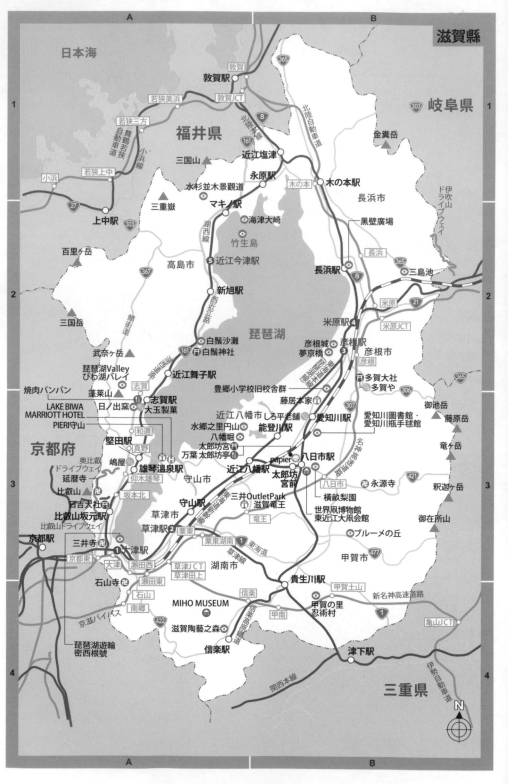

我要住哪一區最方便？

Point! 琵琶湖範圍廣大，東西南北相差甚遠，每一區都有特色。

❶大津：
位在琵琶湖南端的大津市是遊覽琵琶湖之美的起點，算是從京阪神要前往琵琶湖區域的玄關口。由於這裡距離京都很近，飯店不少，房價相對比較便宜，也很適合作為遊玩京阪神的據點。

❷草津：
位於琵琶湖東南側的草津因宿場町發展興盛，從往古中山道而行途中皆能發現當年保存下來的宿場町與歷史遺跡，走一趟琵琶湖大橋、琵琶湖博物館、逛逛PIERI守山購物中心，食購遊皆能滿足盡興。

❸彥根：
說到彥根最知名的就是日本四大國寶城之一的「彥根城」。除了超過400年歷史的彥根城，其周邊看點也非常多，離市區較遠，特地來一趟不妨住下來，逛逛雜貨小店、吃復古洋菓子屋，來趟城下町散策之旅！

❹米原：
雖然這裡沒有什麼觀光景點，但因為是東海道新幹線的大站，許多前往湖東的人都會在這裡轉車。如果預計玩湖東，又是從外縣市搭乘新幹線前來滋賀的話，不妨選擇這裡作為中繼站。

❺近江今津：
位在琵琶湖西側的湖西地區，有著美麗的山湖一色美景，3公里長的水杉並木景觀道、滋賀最古老的湖上神社「白鬚神社」都坐落此區。想享受美景，可以入住這裡的飯店，前往主要景點都方便。

比叡山・雄琴溫泉
一日順遊行程

延曆寺　不滅法燈　紅葉
纜車　雄琴溫泉

早
09:30 纜車八瀨駅
　　　八瀨紅葉小徑
10:20 比叡山頂駅
　　　比叡花園美術館

午
12:20 東塔
　　　鶴喜蕎麥麵／午餐
14:15 西塔
15:21 橫川

晚
16:41 雄琴溫泉

從傳教大師最澄在比叡山上築草庵傳道以來，許多佛教高僧皆出自比叡山，比叡山延曆寺就像是佛教的大學講堂，一千二百多年來無數僧人受教求道於此，再下山開宗立派、修道結廟。除了諸多重要文化財，比叡山延曆寺的紅葉也相當精彩。

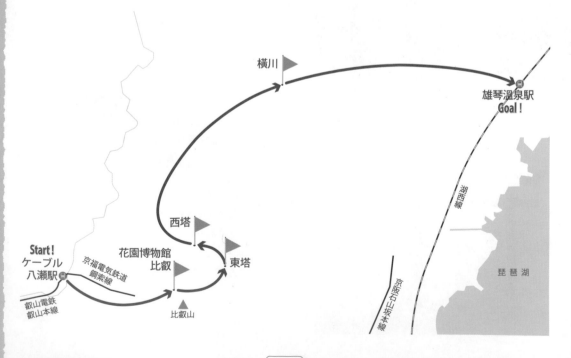

橫川

雄琴溫泉駅
Goal !

湖西線

西塔

花園博物館
比叡

東塔

Start !
ケーブル
八瀨駅

京福電気鉄道
鋼索線

比叡山

叡山電鉄
叡山本線

京阪石山坂本線

琵琶湖

日本第一聖山
恢弘建築與靈聖山林相依

Point!
從京都側搭乘纜車上下，遊完比叡山後再至琵琶湖側泡溫泉。

Tips
從京都方向前往比叡山，可至「出町柳駅」搭乘叡山電車至「八瀨比叡山口駅」，換乘叡山纜車，再換乘空中纜車至「比叡山頂駅」，步行10分鐘左右至東塔的巴士站轉乘比叡山內接駁巴士至各大景點。

Tips
纜車冬季停駛，請由京都車站坐直達山頂的巴士。

Start!

09:15
八瀨比叡山口駅
叡山電鐵叡山本線

步行 **4**分
出站後往纜車站走即在一旁

9:30
八瀨紅葉小徑
秋天時分從叡山電車的八瀨比叡山口駅下車，越過澄澈的高野川，處處皆是楓紅美景。而在八瀨纜車站一旁的紅葉小徑，雖然短短一小段，但沿路有水力發電廠的遺跡、遷都一千年紀念塔等。

停留時間 **30**分

步行 **1**分
往回走即是

10:00
ケーブル八瀨駅
叡山纜車

時間 秋天的夜間點燈 約11月~12月初 16:30~20:00(入場至19:45)
價格 自由參觀

¥900
纜車 **23**分

搭乘10:00發的叡山纜車，再轉乘10:15發的空中纜車

10:20
比叡山頂駅
叡山空中纜車

步行 **1**分
出站即達

10:30

滋賀縣

以莫內睡蓮系列畫作為主題的「睡蓮之庭」，重現畫中景色讓畫迷大為讚賞。

比叡花園美術館
比叡花園美術館裡種植著紫藤、睡蓮、玫瑰、薰衣草等四時花朵，依照季節綻放，花園間並配合景觀，裝飾莫內等西洋印象派畫家的複製陶版畫。展望台上可看到滋賀縣的琵琶湖景，還可以在花園裡喝咖啡或參加壓花或調香的體驗課程。
地址 京都市左京區修学院尺羅ヶ谷四明ヶ嶽4(比叡山頂) 時間 春季至冬初10:00~17:30(入園至17:00) 休日 週四、冬季(約12~4月) 價格 入館¥1200，小學生¥600 網址 www.garden-museum-hiei.co.jp

停留時間 **1.5**小時

1 日遊

巴士 10分　¥250

至「比叡山頂」站搭開往東塔的比叡山內
穿梭巴士在「延曆寺BC」下

Tips　比叡山內1日乘車券：使用此券可以在一日內自由搭乘比叡山內回遊巴士，想一口氣看完所有景點的最佳選擇。**價格** 大人¥800，可在叡山電車出町柳駅、延曆寺BC、坂本纜車站購入。

註 冬季(12月~3月)不運行

12:20 鶴喜蕎麥麵

停留時間 40分

位在東塔大講堂內的鶴喜蕎麥麵，一直提供最平實的美味料理給來此參拜的信眾們。想品嚐美味麥點，先得至販券機購買食券，再至櫃台交給工作人員。鶴喜蕎麥麵的麵體較為柔軟，不太有麵條的筋性，蕎麥味道也不重，湯頭甘醇不死鹹，在比叡山爬上爬下地走了一上午，很適合來這裡吃碗門前蕎麥麵填填肚子。

地址 延曆寺東塔大講堂
時間 9:30~16:30
價格 天ぷらそば(天婦羅蕎麥麵)¥740
網址 tsurukisoba.co.jp

比叡山延曆寺收藏了許多佛像、佛畫、書跡等國寶，在國寶殿就看得到。門票¥500。

13:00 東塔

停留時間 1小時

東塔是延曆寺的發祥中心，總本堂的根本中堂、大講堂、阿彌陀堂和戒壇院等都坐落於此，一般遊客也都是以東塔為參觀重點。根本中堂為延曆寺總本堂，超過百年的歷史已登錄為國寶建築。

地址 滋賀縣大津市坂本本町4220
時間 東塔8:30~16:30，12月9:00~16:00，1~2月9:00~16:30
價格 東塔 西塔‧橫川共通券¥1000
網址 www.hieizan.or.jp

比叡山延曆寺

比叡山上並沒有一座叫做延曆寺的建築，而是所有比叡山上的廟宇堂塔都表示為延曆寺。建築群可分為稱作「三塔」的三大區域，分別為東塔、西塔和橫川，遊客可搭乘巴士互相串聯參拜。

巴士 5分 在「延曆寺BC」站搭14:03發的比叡山內穿梭巴士在「西塔」下

西塔

14:15

停留時間 1小時

比起東塔來，西塔就顯得遺世獨立、寂靜空靈。比叡山上最古老的建築物釋迦堂原位在大津的圓城寺裡，之後被豐城秀吉下令移至現址，就藏在西塔的杉木密林中，莊嚴寧靜的氣氛適合求道修行，至今也有許多修道者在此修行。行走在西塔的建築群中，特別感到深林蒼鬱的寂靜美感。

地址 滋賀縣大津市坂本本町4220

時間 西塔、橫川地區9：00～16：00，12月9:30~15:30，1~2月9:30~16:00

價格 東塔 西塔‧橫川共通券￥1000

網址 www.hieizan.or.jp

連接法華堂與常行堂的長廊，又被稱為負荷堂(にない堂)

¥600

巴士 10分 在「西塔」站搭15:11發的比叡山內穿梭巴士在「橫川」下

橫川

15:21

停留時間 1小時

橫川比西塔更北邊，是處清淨的聖地，許多佛教高僧如慈覺大師、日蓮上人都曾在這裡修學求道，也是古時佛家姿影保留最完整的地方。橫川範圍不小，包含了主要的橫川中堂，紅色的舞台式建築在一片綠意下更為突出。而一旁的元三大師堂也是十分值得一逛，據說這裡還是日本「抽籤運」文化的起源。

地址 滋賀縣大津市坂本本町4220

時間 西塔、橫川地區9：00～16：00，12月9:30~15:30，1~2月9:30~16:00

價格 東塔 西塔‧橫川共通券￥1000

網址 www.hieizan.or.jp

¥950

巴士 20分 在「橫川」站搭16:22發的奧比叡drive Bus線在「おごと温泉」站下

元三大師堂可以看到良源上人為了救世而幻化成鬼怪「角大師」的避邪圖樣。

滋賀縣

雄琴溫泉

16:41

位在大津市的雄琴溫泉，是琵琶湖區中著名的溫泉鄉之一，距今已有超過一千二百年的歷史，由於溫泉水屬於鹼性，因此又有「美人湯」和「浪漫水鄉溫泉」之稱。這裡的溫泉旅館幾乎都面對著琵琶湖而建，可浸浴在風呂中，盡情眺望琵琶湖景。

電話 077-578-1650雄琴溫泉觀光協會

地址 滋賀縣大津市苗鹿

Goal !

近江八幡與彥根城一日
玩遊行程推薦

琵琶湖　近江牛　日本國寶城
彥根喵　纜車　水鄉風光

早
08:00 京都駅
09:11 彥根駅
　　　彥根城
　　　玄宮園

午
　　　夢京橋城街／午餐
13:25 近江八幡駅
　　　水鄉之里円山
　　　たねや日牟禮乃舍
　　　日牟禮八幡宮

晚
18:42 京都駅

美麗的湖水之國滋賀縣，湛藍澄澈的「琵琶湖」如一顆梨形的藍寶石鑲在滋賀中心，尤其是東側，日本名城「彥根城」與近江八幡的水鄉風情，無處不讓人醉心。搭上鐵道，串聯起琵琶湖東岸各大景點吧！

琵琶湖八景之一
國寶城下賞舊風情

Point! 一天串聯兩大湖東城鎮

Start!

可愛的彥根喵11:00、13:30、15:00在這裡跟你見面!(可在官網確認時間)

8:00

京都駅 JR東海道線

¥1170

搭8:21發的琵琶湖線新快速列車

電車 50分

9:11

彥根駅 JR琵琶湖線

步行 15分

沿著駅前お城通り即達

Tips 不想走路的話,還有彥根城下巡迴巴士可以搭乘。從彥根駅發車,行經龍潭寺、彥根城、夢京橋、銀座街等周邊。

時間 車次13班,30分鐘一班;彥根駅發車,首班車9:00,末班車17:00

價格 一日券(車內販售)成人¥400;單趟¥210

9:30

彥根城

彥根城與姬路城、松本城、犬山城並列為日本四大國寶名城,天守閣共有三層,建在小山丘頂,登上頂樓從窗戶可眺望四周城市和琵琶湖景觀,為彥根城所帶來的視野感到驚艷。

停留時間
1小時

地址 滋賀縣彥根市金亀町1-1 時間 8:30~17:00

價格 彥根城+玄宮園:¥800

網址 hikonecastle.com/

順著彥根城公園內指標即達

步行 10分

10:50

玄宮園

位於城郭東北邊的玄宮園,據說是仿唐玄宗的離宮所建,庭園中的池塘、假山、植樹、亭閣講究風雅和趣味,有近江八景的美稱,從池畔遠眺位於山頂的天守閣,更顯得意境超然,整個景緻融為一體。

停留時間
30分

地址 滋賀縣彥根市金亀町3

時間 8:30~17:00 價格 純入園¥200,鳳翔台抹茶+和菓子¥500

「鳳翔台」提供正統的裏千家流抹茶

滋賀縣

步行 15分 沿著彥根城的護城河向南口走

11:30

夢京橋城街

位在彥根城外、京橋正對面一條筆直的商店街，經由改裝門面之後，每棟建築都呈現黑色屋瓦、白色牆面、木格子窗，纖細的竹簾透著光迎風招搖，構成一條復古的江戶時代街道。逛完彥根城，不妨來這裡用餐逛街吧。

地址 滋賀縣彥根市本町

時間 各店舖不一

步行 20分 走中濠東西通回車站

13:00

彥根駅
JR琵琶湖線

¥420

電車 21分 搭13:04發，往網干的普通車

13:25

近江八幡駅
JR琵琶湖線

¥370

電車 15分 車站北口搭乘近江鐵道・湖國巴士長命寺線，至「円山」下車即達

順遊推薦

千成亭 伽羅

來到滋賀當然要品嚐三大和牛中的「近江牛」！來到千成亭伽羅，午餐時段就可以用實惠的價格吃到近江牛肉的日式壽喜燒套餐，一在店內町家風味十足的環境下用餐，真的很有日本的感覺。

地址 滋賀縣彥根市本町2-1-7 時間
11:30~14:30，17:00~22:00(L.O.20:30)
休日 週二 價格 近江牛すき焼き鍋膳(午間壽喜燒套餐)￥4200 網址 kyara. sennaritei.jp/

14:00

水鄉之里円山

早年近江八幡由水路連結著住家、農田、礦山，交通全仰賴手搖小船。手搖船會帶領乘客繞行錯綜複雜的西之湖舊水道，一面欣賞沿岸的自然風光，一面聽船夫訴說這裡的古今故事。

停留時間
1小時10分

時間 4至11月定期船班10:00、13:10(假日13:00)、15:00 價格 大人￥2200

網址 www.za.ztv.ne.jp/tekogi.maruyama/

¥240
巴士
4分
「円山」站搭16:21往車站方向的車,至「八幡堀八幡山ロープウェー口」下後步行2分鐘

16:25

たねや　日牟禮乃舍

停留時間
30分

1872年創業於日牟禮八幡宮門前的和菓子老鋪たねや,招牌點心つぶら餅圓滾滾的現烤麻糬外皮香脆,紅豆內餡柔軟甘甜,不論單吃或放在紅豆湯內享用都十分美味。

地址 滋賀縣近江八幡市宮內町
時間 10:00~17:00(甜點最後點餐為16:30)
價格 つぶらぜんざい (麻糬紅豆湯) ¥770
網址 taneya.jp/shop/shiga_himure

停留時間
40分

步行
1分
出店門右轉即達

17:00

日牟禮八幡宮

位於八幡山麓的日牟禮八幡宮作為近江商人的信仰中心而備受崇敬。神社本體、周遭建築與新町通、八幡堀等同為重要傳統建築物保存地區,境內古木參天,氣氛幽靜。

地址 滋賀縣近江八幡市宮內町257
時間 自由參觀
網址 himure.jp/

¥220
巴士
15分
回「八幡堀八幡山ロープウェー口」站搭往車站方向的車

搭車前也可以再逛逛美麗的八幡堀

18:00

近江
八幡駅
JR琵琶湖線

¥680
電車
36分
搭18:06發的新快速列車

也可搭纜車至山頂遠眺琵琶湖。纜車時間 9:00~17:00。

18:42

京都駅
JR東海道線

Goal!

滋賀縣

琵琶湖東・近江鐵道
一日定番行程

早

09:06 近江八幡駅
10:00 大郎坊宮前駅
　　　　太郎坊宮

搭上近江鐵道，串聯起琵琶湖東岸各大景點，買張一日卷，就在彥根、近江八幡、八日市、貴生川間隨意上下車，都是外國遊客較少的安靜區域，也因此利用近江鐵道以緩慢步調慢慢遊玩，能玩得更加在地。

午

　　　　万葉太郎坊亭／午餐
13:19 五箇莊駅
14:28 豊鄉駅
　　　　豊鄉小學校舊校舍群
15:53 多賀大社前駅
　　　　多賀大社
　　　　多賀や

晚

17:45 彥根駅

琵琶湖

Goal！
彥根駅

近江鐵道
彥根・
多賀大社線

多賀大社前駅

東海道本線

豊鄉駅

五箇莊駅

東海道新幹線

琵琶湖線

近江鐵道本線

Start！
近江八幡駅

近江鐵道
八日市線

太郎坊宮前駅

各個小站途中下車
賞遊山林湖畔間的桃花源

Tips 使用一日券，搭近江鐵道玩遊琵琶湖東側美景

Tips 只在週五、週末和國定假日發售使用的微笑乘車券，可在一日內自由搭乘近江鐵道，持票還有多處景點入場優惠。**價格** ¥900。

Start !

京都駅
JR琵琶湖線

8:00

¥680
電車 35分　搭8:30發往米原的新快速列車

9:06
近江八幡駅
JR琵琶湖線・近江鐵道

¥390
電車 15分　搭9:12發，往八日市的近江鐵道普通車

09:27
太郎坊宮前駅
近江鐵道

步行 20分　出站後往北穿過大鳥居一直走即達

停留時間
1 小時

太郎坊宮

10:00

又名為「阿賀神社」的太郎坊宮，祭祀的主神是天之忍穗耳命，也是日本神話中的勝利之神，今天許多人來到這裡都是祈求比賽勝利。來到本殿前需穿過一道石縫「夫婦岩」，當地傳說如果心存惡念的人，經過這裡就會被夾死！

地址 滋賀縣東近江市小脇町2247
時間 自由參觀
網站 www.tarobo.sakura.ne.jp/

步行 15分　往回即達

11:30

万葉太郎坊亭

玩了一個上午肚子也餓扁了！避開中午用餐人潮，提早來到万葉太郎坊亭品嚐近江牛的美味。午間套餐只提供到14:30，從¥2200起就能吃到純正近江牛肉，還有不同組合可以選擇！

停留時間
1 小時

地址 滋賀縣東近江市小脇町654-1
時間 11:30~14:30，17:00~21:30
休日 週一，第2、4個週二
價格 特選すきしゃぶ御膳(壽喜燒套餐)¥3980
網站 b-manyo.jp/

滋賀縣

沿原路回車站

步行 **20**分

太郎坊宮前駅
近江鐵道

12:50

搭12:56發往八日市的列車在八日市轉乘
13:11往米原的普通車

¥310

電車 **23**分

五箇莊駅
近江鐵道

13:19

五箇莊

古稱近江的滋賀地區，因位在往來江戶城與京都之間的中山道、東海道交會點，訊息交匯通暢，加上水路運輸便利，也因此造就近江商人興盛的景況。由於近江一帶不似京都、大阪的城市規模，近江商人大都是外出打拼型，賺了大錢回故里蓋建大宅。其中五箇莊也出產不少知名商人，像是華歌爾企業便是其中之一。大宅豪邸不少的這裡，不但被列為日本國家重要傳統建築物群保存地區，2015年更被列為日本遺產。

地址 滋賀縣東近江市五箇莊金堂町
網址 www.biwako-visitors.jp/spot/detail/910/

停留時間 **1**小時

順遊推薦

中江準五郎邸

昭和時期的戰前時代，以百貨店在朝鮮半島、中國等創立近20家三井百貨連鎖而致富的中江準五郎，在戰前就回鄉建蓋了這棟豪邸，隨著戰後海外事業盡失，中江一家四兄弟與其他姊妹，全部回歸故里，除了這裡，金堂のまちなみ保存交流館則是中江家另一兄弟的故宅。

地址 滋賀縣東近江市五箇莊金堂町643
時間 10:00~16:30 休日 週一 價格 2館
共通券(外村繁邸‧中江準五郎邸)¥400

¥310

電車 **9**分

搭14:19發往米原的普通列車

14:28

豊郷駅
近江鐵道

走樓梯時別忘了看看扶手，龜兔賽跑的故事正在上演呢！

步行 **9**分

出站後經縣道219號即達

14:40

豊郷小学校旧校舎群

豊郷小學校建於昭和12年(1937年)，是由當時的近江商人古川鐵治郎捐獻蓋成，由於潔白的校舍外觀與對稱的西式建築，讓這裡有「白亜の教育殿堂」、「東洋一の小学校」的美稱。

地址 滋賀縣犬上郡豊郷町石畑518
時間 9:00~17:00
休日 週一(遇假日順延一天)、年末年始

停留時間 **40**分

| 步行 9分 | 沿原路回車站 |

15:20 　豊郷駅 近江鐵道

¥390 電車 24分　搭15:28往米原的車至「高宮駅」轉15:46的多賀線普通車

15:52 　多賀大社前駅 近江鐵道

步行 7分　出站後直走至底左轉

多賀や

16:00

停留時間 **20分**

多賀神社的門前名物「糸切餅」，糸在日文中指的是線，顧名思義，這道傳統甜點是用線切出來的。由於多賀さん保佑人們長壽，於是菓子職人便不用刀(不吉利)，改用三味線的弦來將搗好的麻糬切塊，新鮮純米麻糬稍有咬勁，甜蜜食感當作茶點最是適合。

(地址) 滋賀縣犬上郡多賀町大字多賀601
(時間) 8:00~17:00(1月延長)
(價格) 糸切餅15入¥1000
(網址) www.itokirimochi.co.jp/

步行 1分　店對面即是

16:20

多賀大社

日本古老傳說中，伊邪那岐(父神)與伊邪那美(母神)孕育出日本眾神，也是生命的起源。多賀大社的主祀神便是伊邪那岐與伊邪那美，因此夫婦緣結、延命長壽、除厄等，都是信眾來此祈求的目的。境內有一塊壽命石，可以在小石頭(需向社方購買)上寫名字、願望，誠心祈求便能成真。

停留時間 **50分**

(地址) 滋賀縣犬上郡多賀町多賀604
(時間) 自由參觀
(網址) www.tagataisya.or.jp

滋賀縣

步行 7分　沿原路回車站

17:20 　多賀大社前駅 近江鐵道

¥310 電車 18分　搭17:27的車至「高宮駅」轉17:37往彥根的普通車

「多賀杓子」是這裡的特別御守，買回家可祈求全家健康長壽！

17:45 　彥根駅 JR琵琶湖線·近江鐵道

Goal !

長浜・竹生島 湖東深入
一日遊

北國街道　百年老舖　玻璃館　竹生島　黑壁

琵琶湖側的北國街道，是江戶時期北陸物資運往京都的重要航路。而長浜市保留這些黑壁白漆的老房子並將其改造成古典的西洋玻璃館，展示來自世界各國的玻璃作品，更將鄉土料理店與特色小舖集中一地。

早
08:00 **長浜駅**
08:30 **長浜港**
　　　 竹生島

午
12:00 **黑壁廣場**
　　　 翼果樓／午餐
　　　 曳山博物館
　　　 海洋堂模型博物館
　　　 黑壁玻璃館
16:00 **大通寺**

晚
16:00 **長浜駅**

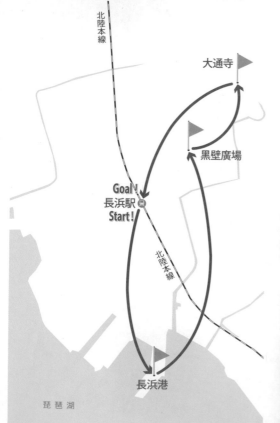

北陸本線

大通寺

黑壁廣場

Goal！
長浜駅
Start！

北陸本線

長浜港

琵琶湖

湖國風景
歷史美食集結一方

Point! 從長浜搭船至竹生島週遊，下午再玩黑壁廣場一帶。

Start！

京都駅
JR東海道本線

06:30

Tips 如想體驗不同於鐵道的交通方式，可選擇在大津港搭乘縱走雪見船至長浜，約2小時40分的航程能夠欣賞琵琶湖水色風光。

備註 縱走雪見船為固定班次，於1月底~2月底行駛僅週一、六、日、例假日行駛，預約人數15人以下則不運行。

¥1340

電車 1小時26分　搭6:33發往長浜的快速列車

08:00

長浜駅
JR琵琶湖線

步行 10分　西口出站往南走至慶雲館右轉

8:30

長浜碼頭
琵琶湖汽船

來回 ¥3400

船 35分　搭8:50出發的班次

9:25

竹生島

竹生島是琵琶湖上，周長約2公里大小的無人島。早期因為島上生滿竹子而有其名。現在島上建有寶嚴寺和都久夫須麻神社。島上的弁財天位列日本三弁天、亦為西國三十三處觀音靈場之第三十處，所以參拜香客眾多，熱鬧非凡。寶嚴寺的唐門建築是豐臣秀吉大阪城的唯一遺跡，與都久夫須麻神社的正殿一同被指定為日本國寶。這裡自古便作為水神居住島而受人敬仰，是當地人祈求安全航行的神聖之地。

停留時間 1.5小時

地址 滋賀縣長浜市早崎町1664

時間 寶嚴寺9:30~16:30　**價格** 拜觀券¥500

島上順遊

寶嚴寺正殿：竹生島上的信仰中心，與嚴島神社、江島神社並列日本三大弁才天之一，許多人會來這裡祈求財運。

唐門：從豐國廟移設至此，色彩絢麗的雕刻與金屬配件充滿桃山時代的氛圍十分珍貴，已被指定為國寶。

舟廊下：豐臣政權出兵朝鮮搭的「日吉丸」所遺留下的木材，建成寺內的一道長廊，是必看景點。

八大竜王拜所：拜所的鳥居落在朝琵琶湖岸，據說只要在土器上寫下願望投擲穿過鳥居，願望即能成真。

滋賀縣

船 **35**分 ── 搭10:55出發的班次

11:30 長浜碼頭
琵琶湖汽船

步行 **20**分 ── 沿著原路回車站，再接北國街道

翼果樓是燒鯖細麵名店，兩百年歷史的建築古色古香

翼果樓 **12:00**

步行 **3**分 ── 出店右走，第一個路口右轉直行

停留時間 **1**小時

古時在琵琶湖北地區，掛心出嫁女兒的農家父母會在農忙時送去可以輕鬆料理的煮鯖魚「燒鯖」，讓農事家務兩頭忙的女兒稍微輕鬆一點。經過長時間細心炊煮的燒鯖醬汁香甜濃稠，與煮得恰到好處的細麵搭配正好，另外推薦微帶焦香的鯖魚握壽司。

13:00 **曳山博物館**

停留時間 **1**小時

每年4月舉行的曳山祭是日本三大花車祭典之一，如果無法在祭典期前來長浜，只要來到曳山博物館一樣可以看到壯觀的祭典山車。曳山博物館裡收藏著4台山車，每隔3個月便兩組兩組交替展出，還可以看到祭典時在山車上表演狂言(歌舞伎的一種)的孩童影片，體會祭典的熱情。

地址 滋賀縣長浜市元浜町7-8
時間 10:30~17:00(售完為止)
休日 週一(遇假日順延一天)
價格 鯖街道付(燒鯖細麵+鯖魚握壽司套餐)
¥2000

地址 滋賀縣長浜市元浜町14-8
時間 9:00~17:00(入館至16:30) 休日 12/29~1/3
價格 成人¥600，國中小學生¥300
網址 www.nagahama-hikiyama.or.jp

黑壁スクエア

黑壁廣場的範圍包括北國街道與大手門通一帶，每年可以吸引300萬觀光人次，以黑壁玻璃館為起點，現在共有玻璃體驗教室、工房、藝廊、不同特色的商店等，以「玻璃」為主題結合地方特色，是日本最大的玻璃藝術品集散地，也是老街重生的經典案例。

出博物館往左走，第一個路口右轉

步行
2分

海洋堂模型博物館

停留時間
1小時

海洋堂模型博物館的入口處就有超醒目的模型招牌，一進門就能令喜歡動漫模型的朋友感到興奮。有趣的是在櫃台買票入場後，會得到一枚特殊金幣，以這枚金幣就能到扭蛋區免費扭一次，掉下來的扭蛋還能帶回家珍藏，大受歡迎。

14:00

地址 滋賀縣長浜市元浜町13-31 **時間** 博物館10:00~17:00(入館至16:30) **休日** 博物館不定休 **價格** 入館￥1000 **網址** www.ryuyukan.net

出博物館往右走

步行
1分

黑壁玻璃館

停留時間
40分

15:00

黑壁玻璃館原為建於1900年的黑壁銀行。二十多年前，黑壁銀行面臨拆除危機，對這棟建築懷有深厚情感的地方人士一同提出舊空間再利用計畫。這裡除了引進日本和世界各地的玻璃製品，也有原創玻璃商品和專屬職人，搖身一變成為琵琶湖北面最受歡迎的觀光地。

地址 滋賀縣長浜市元浜町12-38 黑壁一號館 **時間** 10:00~17:00 **休日** 12~1月週四 **網址** www.kurokabe.co.jp/shop/glasshouse/

滋賀縣

走北國街道，至二個路口右轉直行

步行
7分

大通寺

停留時間
30分

16:00

全名為真宗大谷派長浜別院的大通寺，寺前有條長長參道與黑壁相通，參道兩旁店家林立，日式風情滿溢。而大通寺的本堂相傳建於江戶初期，是京都東本願寺的御影堂，移築至現址則是承応年間(1652~1654年)的事。

路上有不少小店，不妨來吃個漂亮的黑壁布丁吧！

沿原路直行，至鐵道前左轉

步行
15分

17:00

長浜駅
JR琵琶湖線

1340

搭17:28發的新快速列車

電車
1小時**14**分

18:42

京都駅
JR東海道本線

地址 滋賀縣長浜市元浜町32-9 **時間** 10:00~16:00 **休日** 12~1月週一~五、年末年始 **價格** 境內自由參觀；拜觀成人￥500，國中生￥100，小學生免費 **網址** www.daitsuji.or.jp

Goal！

大津週邊二日 經典景點滿喫之旅

琵琶湖遊船　石山寺　大津港　驛站　三井寺

早期大津是東海道最主要的宿場町，從日本海經陸路或水路運輸到京都的物資都必需經過這裡。其實大津市範圍相當廣闊，著名景點也相當多，像是石山寺、比叡山延曆寺、近江神宮、大津港、堅田以及最近夯到不行的琵琶湖Valley等。

DAY1

早
08:00 京都駅
09:00 石山寺

午
茶杖藤村／午餐
11:35 琵琶湖浜大津
大津祭曳山展示館
琵琶湖遊輪密西根號
琵琶湖噴水

晚
15:00 粋世

DAY2

早
09:05 琵琶湖疏水
三尾神社
三井寺

午
13:07 志賀駅
琵琶湖Valley

晚
18:47 京都駅

寺社巡禮
大津港景多元體驗
DAY1

Point! 每個景點距離都不近,最好先確認好時間才能順暢遊玩

Start!

Tips 持「京阪電車琵琶湖1日觀光券」可在一日內自由搭乘京阪電車大津線(御陵駅~びわ湖浜大津駅、石山寺駅~坂本比叡山口駅) 價格 成人¥700,小孩¥350

京都駅 JR東海道本線　**8:00**

¥240　電車 **14**分

搭8:07發往米原的快速列車

石山駅 JR東海道本線　**8:21**

¥170　電車 **4**分

從JR石山走7分至「京阪石山駅」換乘8:30發車的普通車

石山駅 京阪石山坂本線　**8:34**

步行 **11**分　出站後沿著指標走即達

9:00　**石山寺**

根據源氏物語記載,平安時代的貴族流行到石山寺朝拜,稱為石山詣,而源氏物語的作者紫式部也多次到石山寺朝拜,傳說紫式部就是在石山寺寫下源寺物語。本堂一旁紫式部住過的地方也闢成源氏的間,將文學與石山寺更加緊密結合。

停留時間 **1.5**小時

就位在石山寺門前

步行 **2**分

10:30

茶杖藤村

停留時間 **30**分

受到曾住在石山寺的文人島崎藤村的作品「茶丈記」影響,茶杖藤村從店名到店內的氛圍都將「茶丈記」的風物詩轉換在這裡。以京都高雅的和菓子意象做展現,讓來這裡短暫歇息的旅客,從優雅的石山寺參拜到吃進肚裡的和菓子都充滿風雅。

地址 滋賀縣大津市石山寺1-3-22 時間 9:30~17:30(L.O.16:30),週六日例假日9:00~18:00(L.O.17:00) 休日 週二(遇假日正常營業) 價格 ふじおこわ¥1265 網址 www.sajo-towson.jp

地址 滋賀縣大津市石山寺1-1-1 時間 8:00~16:30(入山至16:00) 價格 入山費¥600 網址 www.ishiyamadera.or.jp

本堂前的廣場一大片硅炭岩奇石,被日本列入天然紀念物。

滋賀縣

步行 **11**分 沿著原路回車站

 石山寺駅
京阪石山坂本線

11:15 ¥240

搭11:18往新江神宮前的普通車

電車 **17**分

 琵琶湖浜大津駅
京阪石山坂本線

11:35

出站往左走，第一路口右轉至丸屋町商店街

步行 **6**分

停留時間 **40**分

大津祭曳山展示館

12:00

從江戶時期開始每年10月盛大舉辦的大津祭，精細華麗山車的就收藏在這裡。隱身在商店街裡一角的展示館，一入門就會被那台達兩層樓高的山車所震憾，每年祭典會出動的13台山車，其中一台模型就展示在這裡。

地址 滋賀縣大津市中央1-2-27
時間 9:00~19:00 休日 週一 價格 自由參觀 網址 www.otsu-matsuri.jp/pavilion

步行 **12**分 出店左轉，至鐵道線右轉直行

13:00

琵琶湖遊輪密西根號

停留時間 **1**小時**30**分

密西根號是仿自美國的復古式輪船，搭乘此觀光船，不但可以飽覽琵琶湖風光還可以欣賞船上的美國歌舞秀，而船上也有多味金髮碧眼的服務生，營造出美國的觀樂氛圍。

地址 滋賀縣大津市浜大津大津港
時間 各航班不同，詳見官網
價格 ¥2400起
網址 biwakokisen.co.jp

大津祭

被喻為湖國三大祭「大津祭」，祭典當日可隨著曳山行進，並享受爭奪從曳山上扔擲下來的除厄粽及手帕等紀念物的樂趣。中午所有的曳山會停放在一起，是近距離觀賞及拍攝紀念照的好時機。晚間5點後13個町共13台曳山會掛滿一串串燈籠巡遊，十分壯觀。

順遊推薦

琵琶湖噴水秀

坐完船後，不妨在港邊寬闊散步道散步放鬆、賞夕陽美景。尤其傍晚時分，密西根號遊船背景趁著晚霞一路駛回到港邊停泊，接著夜色低垂後，港邊外的堤防長達440公尺長、高達40公尺的水花向上噴發，和著不同燈光變化照耀下，優雅起舞，既美麗又夢幻。

步行 11分 往浜大津車站方向走，至縣道558號右轉

大津町家 粹世　15:00

粹世不是日式旅館，而是改建自近百年大津町家歷史的Guest House。大津一帶原本以東海道最尾端的宿場而興盛一時，這棟建築原本是米商，保留了傳統模樣，最小限度地改建後，一共提供5個房間，每個房簡都備有廁所，衛浴則是共用。

地址 滋賀縣大津市長等3-3-33

時間 Check In 16:00～21:00，Check Out～10:00

價格 一泊朝食¥9000起

網址 www.inaseotsu.com/

Stay!

琵琶湖ホテル

琵琶湖ホテル為了不要破壞後方比叡山、前方琵琶湖的美麗景色，刻意將外觀妝點成湖水綠。飯店內走廊設計成客船的樣子，讓人有置身海上的感覺；而房內舒適的間空與開闊的湖景視野，都讓在這裡住宿成為極大的享受。

地址 滋賀縣大津市浜町2-40　**時間** Check in 15:00，Check out 11:00　**網址** www.keihanhotels-resorts.co.jp/biwakohotel/

琵琶湖大津王子大飯店

位於琵琶湖畔的大津王子飯店，高挑的大樓建築總高38層樓，光視野之廣闊雄偉，就是住在這裡最棒的享受。JR大津駅有免費巴士接送，在京都站南口-新幹線八条口設有迎賓櫃台，協助把行李送至飯店，讓你輕裝移動。

地址 滋賀縣大津市におの浜4-7-7

時間 Check in 14:00，Check out 11:00

網址 www.princehotels.com/otsu/zh-tw

滋賀縣

DAY2

Start！

9:00

步行
5分

出粹世左轉直走即達

停留時間
30分

9:05 琵琶湖疏水

琵琶湖疏水是關西地區很重要的水利基礎設施，是為了將滋賀琵琶湖的湖水引至京都市所建造的水路。搭乘琵琶湖疏水航運路線，不只欣賞美景，更可以了解整個疏水歷史，是十分熱門的行程。

境內無處不見兔子造景，連屋瓦的紋樣都是！

步行
5分

沿著疏水道往左走即達

地址 第一疏水：滋賀縣大津市三井寺町7

時間 自由參觀，疏水船請洽官網

價格 免費參觀。疏水船：大津～蹴上¥6000起，大津～山科¥2000起

9:35 三尾神社

停留時間
30分

三尾神社建於西元859年，原為三井寺的鎮守神社，現在則因為兔子神社而聲名大噪。這裡的主祭神三尾明神的使者便是兔子，於是順理成章的，兔子的相關吉祥小物因應而生。而本殿是足利幕府的第四代將軍「足利義持」下令建造的，歷史悠久，是國家重要文化財。

網址 biwakososui.kyoto.travel/tw/

地址 滋賀縣大津市園城寺町251

時間 境內自由參拜，社務所9:00~17:00

步行
1分

10:10 三井寺

要提到大津地區的著名寺廟，三井寺絕對不可不提。正式名稱為「長等山園城寺」的三井寺有一千兩百多年的歷史，寺內還存有豐富的文化財、國寶等，十分值得一訪。

地址 滋賀縣大津市園城寺町246

時間 8:00~16:30 價格 入山¥600

網址 www.shiga-miidera.or.jp/

登上寺境內高地，可以遠眺琵琶湖美景。

步行 10分

原路走疏水到底即是車站

三井寺駅 京阪石山坂本線
12:00
¥170

搭12:27往比叡山口的普通車，至「京阪大津京」駅，換乘JR湖西線12:37往近江舞子的列車。

電車 40分

志賀駅 JR湖西線
13:07
¥390

13:23的班次前往纜車「ロープウェイ山麓駅」再搭纜車上山

巴士 10分

車站貼有接駁車時刻表可以參考

14:00 琵琶湖Valley

停留時間 **3小時**

標高1100公尺的高度，居高臨下的廣闊視野，整個琵琶湖包含東岸，完全在眼前無遮蔽的180度全展開。不僅冬季好玩，春天4月全區超過1000棵櫻花、5月地面冒出超過30萬株水仙一起綻放，夏天這裡有好玩試膽冒險活動，秋季則是滿山楓紅遍野。

地址 滋賀縣大津市木戶1547-1

時間 纜車間隔15分(0、15、30、45分)發車，車程5分

休日 纜車2023/3/22~4月中旬、びわ湖バレイ運休日、定期檢修日(每年不一，詳見官網)

價格 纜車來回當日券(含Snowland門票)¥3500

網址 www.biwako-valley.com

滋賀縣

Terrace Café

位於山頂纜車站口一旁的新設施Terrace Café，不但光是咖啡館本身立地無敵，更吸引人的大概要算是咖啡館所延伸出來的戶外設施，以三層木造陽台一層一層沿山勢下降的無邊際水池平台，就讓許多人在這裡拍照拍不停。

Zipline Adventure & Sky walker

夏季最受歡迎的是Zipline Adventure(索道滑翔) ¥3900及Sky walker ¥3300，冒險活動的遊戲高度雖不是特別高，但因面著湖景的高低視覺落差，感覺特別刺激驚險。

巴士 10分　搭17:35的末班車下山回車站

18:00　志賀駅 JR湖西線
¥590

電車 37分　搭18:10發往京都的普通列車

18:47　京都駅 JR東海道本線

Goal !

高島市 玩水賞景二日 度假行程

琵琶湖　水中鳥居　並木大道　豪華露營　自行車

高島市位於滋賀縣西北部的城市,主要市區位於流入琵琶湖的安曇川和石田川下游的沖積平原。由於已經接近日本海,冬季山區為豪雪地帶,十分適合滑雪。而夏天琵琶湖畔的戶外活動也不少,吸引許多人前來露營、戲水。

高島市農業公園

Start!
マキノ駅
海津大崎

湖西線

琵琶湖

川島酒造

fishing park
高島之泉

高島・物産百貨店

かばた館
STAGEX高島

湖西線

Goal!
近江高島駅

GOODTIMES 獨木舟
白鬚神社

DAY1

早
08:00 京都駅
10:00 **海津大崎**

午
11:06 **高島市農業公園**
　　　なみ木食堂 ツバメ／午餐
　　　水杉並木景觀道
　　　並木咖啡
15:14 **新旭駅**
　　　川島酒造

晚
16:30 STAGEX高島

DAY2

早
09:40 **fishing park高島之泉**

午
　　　かばた館／午餐
　　　高島・物產百貨店
14:21 **近江高島駅**
　　　GOODTIMES 獨木舟
　　　白鬚神社

晚
17:57 京都駅

打卡湖中鳥居
林蔭大道中感受湖國四季變化

Start！ · DAY1

Point! 利用JR鐵路移動，到每一站再利用巴士或自行車串聯

京都駅 JR東海道本線

8:00 ¥1170

搭8:15發的新快速列車

電車 1小時15分

マキノ駅 JR湖西線

9:30

出車站直騎至湖邊左轉

自行車 10分

Tips 高島市的景點很分散，利用鐵路到最近的車站後，還有一段距離。好在各大車站內的觀光案內所，都有設置自行車出租處。一天¥500起。

海津大崎

10:00

海津大崎一帶矗立一整排枝繁葉茂的櫻花樹，大部分已有50年以上的歷史。在岩石和琵琶湖碧綠湖水映襯下，綻開的櫻花粉嫩得讓人恍然如夢。春天600多棵櫻花樹沿著湖畔大道一路盛放，十分壯觀。

停留時間 1小時

地址	滋賀縣高島市マキノ町海津
時間	自由參觀
註	櫻花季還有賞櫻船運行，可洽琵琶湖汽船。

來到海大崎湖畔邊騎邊賞櫻花最是享受

回車站還車，搭11:00發的市公車マキノ高原線，在「マキノピックランド」下車即達

巴士 6分 ¥220

高島市農業公園

11:06

停留時間 30分

高島市農業公園其實範圍廣闊，以各式農業生產園區中，包含有知名的水杉並木道，當然還有一處位在並木道起點處的建築(綜合休憩&服務處)，來不一定只單純安排欣賞美麗的並木道四季美貌，也不妨順道安排一趟休閒農業體驗。

地址	滋賀縣高島市マキノ町寺久保835-1
時間	9:00~17:00
網址	pic-land.com/

好吃的冰淇淋，有各種當地才吃得到的限定口味。單份¥500

滋賀縣

位在右側

步行
2分

11:50

停留時間
1小時

なみ木食堂 ツバメ

使用近江食材與季節產物製作料理的小食堂，面對著美麗的庭園山谷，大片玻璃窗給人開放的空間感。推薦來這裡享用午餐，充滿湖國竹手土木山色的「びわ」膳，12道小缽料理，每一道都是特色美食，別處吃不到。

地址 高島市農業公園內

時間 11:00~14:30

價格 近江の恵み「びわ」膳￥2400，近江牛のじゅんじゅん定食￥2700

步行
2分

出店往右走即是

12:50

水杉並木景觀道

停留時間
30分

原本作為ピックランド農業公園的防風林而種植的500棵水杉，筆直延伸長達2.4公里，一眼望去幾乎看不到盡頭。由於水杉春季蔥綠夢幻、夏季深綠涼爽、秋季轉紅羞澀，到了冬季在大雪覆蓋下又宛如韓劇冬季戀歌般銀白燦爛，散步其間，怎麼拍都漂亮。

地址 高島市農業公園內

時間 自由參觀

備註 水杉並木道屬於一般汽車縣道，拍照務必注意安全

水杉並木前即是

步行
1分

並木カフェ

13:20

停留時間
40分

以OUT DOOR為主題的並木咖啡，室內分為各個小區域，架起帳棚，立起煤油燈，給人悠閒的山林探險風。店裡提供咖啡廳會有的咖啡飲品、甜點，種類十分豐富。

地址 高島市農業公園內　時間 10:30~16:00，週末例假日10:00~16:30

價格 咖啡￥480

一整面大窗戶就正對著水杉並木，天晴時看出去非常美。

搭14:05發的市公車マキノ高原線，
由於是循環巴士回程得繞一圈。

¥220
巴士
33分

マキノ駅
JR湖西線

14:39

¥240

搭14:47往姬路的新快速

電車
27分

新旭駅
JR湖西線

15:14

出東口左轉，第一個路口右轉到底左轉

步行
15分

停留時間
30分

川島酒造

15:30

以清澈水質、知名的針江生
水為造酒水源的川島酒造，由數棟老建築群
組成，在1865年就開始造酒至今。好水加上選
擇好米與杜氏的純熟造酒技術，讓所生產的地酒
「松の花」、大吟釀「藤樹」都大受歡迎。

地址 滋賀縣高島市新旭町旭83
時間 9:00~17:00 價格 大吟釀 藤樹￥3850、純
米吟釀 松の花￥1848
網址 www.sake-kawashima.co.jp/

CAFE & RESTAURANT

water

開車
5分

16:30

STAGEX高島

就在琵琶湖畔的這
處規劃完善、腹地
廣大的複合型休憩娛
樂地，包含了住宿、餐
廳、咖啡、BBQ、賣店、
單車、採果、三溫暖水上
屋、水上SUP活動等，不論是當日來回單純美食享
樂，或是多住一晚，都很適合。

時間 10:00~18:00
價格 三溫暖￥3000~(1人)，其他各式體驗價格詳
見網站
網址 www.takashima.stagex.jp

參觀酒藏
來到酒造不但能理解在地純淨水質如何滋養
萬物，更可看見老酒造的古建築，像是創業之
始保存至今的「松三蔵」倉庫建築，被指定為
這條巷道上的國家重要文化景觀，也可看見
以往保留下來的製酒古用具，當然這裡也能
買到其他地方不容易入手的稀少酒款。

Stay!

. DAY2

Start!

9:30

開車
5分

9:40

飯店提供接送服務，
請提前預約。

停留時間
2小時

fishing park高島之泉

占地達42000㎡的腹地內，取引在
地自然清澈的在地
湧泉銘水，放流
各式淡水魚，是想
品嚐當地美味淡水
魚鮮的好去處，連
淡水鱒魚都能釣得
到，各式不同釣池設
計，不論大人、小小孩或女性都能玩得開心。

地址 滋賀縣高島市新旭町藁園2250

時間 釣魚7:00~17:00(依季節微調)、BBQ
9:00~16:30(L.O.15:00) 價格 釣竿￥1200(含
釣餌)，BBQ一人￥2400~

網址 www.takashimanoizumi.com/

步行
8分

出園向左走，第一路口左轉再右轉即達

12:00

かばた館

停留時間
1小時

這間宛如資料館般的建築，
其實是個提供在地鄉土料理
的食堂。而透過飲食除了將鄉土料理再現外，
善用在地食材，並將部分空間販售在地的手
工藝品或手工製食品，也成為與在地情感連
結之地。

地址 滋賀縣高島市新旭町旭707

時間 11:00~16:00 休日 週三、年始

價格 しょいめし御膳 ￥950、とんちゃん定食
￥1,150 網址 tsckabatakan7.wixsite.com/
kabatakan

步行
15分

出店往右直走即達新旭站，到西口即達

停留時間
30分

13:30

高島・物產百貨店

想要買些高島才有的土特產，
就來位在新旭駅對面的物產百貨店吧！其
實這裡就像是個選物店，高島市內大大小小、有
名的土產、禮品等在這裡都找得到。

地址 滋賀縣高島市新旭町旭1-10-1 高島市観光
物産PLAZA 1F

時間 10:00!18:00 休日 週二、年末年始

網址 takashima-marugoto.jp

以高島知名地
雞烹調的とん
ちゃん定食

步行
20分

沿原路回新旭車
站，就在對面

14:00

新旭駅
JR

¥200

搭14:14發往姬路的新快速

電車
7分

近江
高島駅
JR湖西線

14:21

停留時間
2小時

活動提供接送，需事前預約

開車
5分

GOODTIMES 獨木舟

14:30

專營戶外活動的
GOODTIMES，就提
供獨木舟行程，可以跟
著教練學好技巧後，就
一起整裝出發，這趟名
為「白鬚神社參拜獨木
舟」之旅，帶你欣賞湖
的各式絕景外，還可划
船靠近鳥居，清澈湖水
與遠邊青山、紅色鳥居相映成美麗畫面。

地址 滋賀縣高島市鵜川1091(白ひげ浜露營場)
時間 出發時間9:00~1:00、12:00~14:00、
14:30~16:30(行程約2小時)
休日 天氣惡劣時
價格 大人¥5500、3~5歲¥2000
網址 www.goodtimes88.jp/biwako-
kayak/

開車
5分

活動提供接送，
需事前預約

16:30 白鬚神社

約¥1000
~1500

停留時間
30分

搭計程車

計程車
5分

白鬚神社創立於2000年
前，主司延命長壽，在地方
上十分受到民眾信仰，但最吸引觀光客的還
是湖面上的鳥居。隔著一道馬路，大鳥居立
在湖面以沖島為景，不論四季晨昏，皆有它
遺世獨立之美；每到週末晚上還會在湖面
打光，各顯得神秘莊嚴。

近江
高島駅
JR線

17:10

地址 滋賀縣高島市鵜川215 時間 自由參
觀 網址 shirahigejinja.
com/

¥860

搭17:19發往網干的新快速

電車
38分

京都駅
JR東海道本線

20:00

最近交通事故頻傳禁
止行人橫越馬路，請小
心自身安全哦。

Goal！

169

滋賀縣

海

之京都排行程
入門指南

京都府
滋賀縣
三重縣
和歌山縣
奈良縣

海之京都，指的是京都府的北部區域，從還沒什麼觀光客造訪的「京丹後」地區、「天橋立」及以獨特舟屋景觀聞名的「伊根」，到軍事觀光港口興盛的「舞鶴」，由西到東連城一條觀光線，帶人領略不同的京都風情。

我到海之京都觀光要留幾天才夠？

天氣跟台灣差很多嗎？

什麼季節去最美？

建議安排**2至3天的行程**。第一次造訪必遊天橋立，乘坐纜車俯瞰天橋立的美景。第二天可以前往伊根町，欣賞獨特的舟屋景觀，並體驗當地的海鮮美食。若想要深入探索，可以前往舞鶴市，參觀舞鶴引揚記念館和舞鶴紅磚公園，了解當地的歷史文化。

春天偏涼，外套大衣也不可少。**夏季溫暖**，水上戶外活動盛行。秋季開始轉涼，到了冬季，尤其是**靠近日本海的地區，還有降下大雪的機率**，需要做好保暖措施。雖然此時風景很美，但也要考慮到大雪可能會影響交通，要做好心理準備。

海之京都四季皆有不同風情。夏季可以玩海邊活動，欣賞美麗海岸線。而冬季可以體驗到不同於其他季節的雪景，例如大雪覆蓋的天橋立和伊根舟屋，呈現出寧靜且詩意的氛圍。此外，**冬季也是品嚐當地海鮮的好時機**，如螃蟹和牡蠣，讓美食成為旅程的一部分。

有了基本認識後，現在就來打造最適合自己的旅遊行程吧！

海之京都

從機場、京都大阪市區
要搭什麼車進入海之京都？

要前往位在京都北部的「海之京都」，從京都出發，可以在JR京都站搭乘JR特急橋立號列車直達天橋立，車程約需2小時；若需前往舞鶴，則可搭乘JR特急舞鶴號列車，車程約需1.5至2小時。要前往久美浜和峰山，則可在天橋立站或福知山站轉乘丹後鐵道列車。從大阪要前往久美浜的話，也可以直接搭乘JR特急列車到豐岡，再從這裡轉乘丹後鐵道，反而比從京都更快。

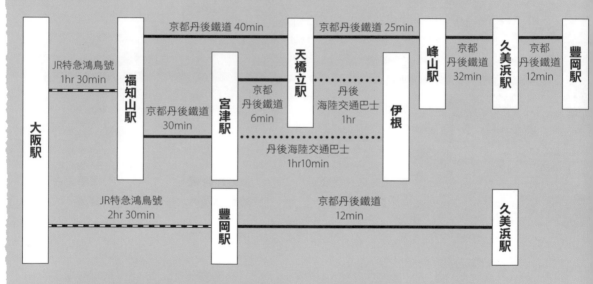

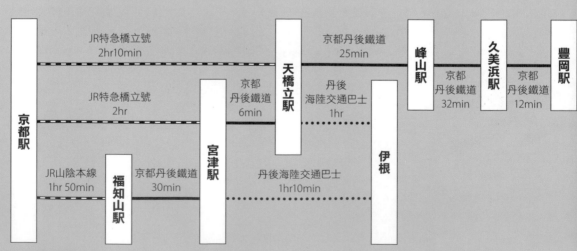

有什麼優惠車票適合我？

	JR關西地區鐵路周遊券 JR Kansai Area pass	JR關西廣域鐵路周遊券 JR Kansai WIDE Area pass	丹後天橋立伊根FREE Tango Amanohashidate Ine Free	京都丹後鐵道一日券 Kyoto Tango Railway One Day Pass
使用區間	JR在來線：西至上郡·播州赤穗、北至日吉、東至米原·敦賀，南至和歌山市 京都市營地下鐵 京都市內京阪電車	山陽新幹線(新大阪~岡山) JR在來線：西至倉敷·鳥取、北至城崎溫泉、天橋立、東至米原·敦賀，南至白濱·新宮 丹後鐵道全線 和歌山電鐵全線 智頭急行(上郡~智頭) 西日本JR巴士：高雄·京北線(京都~周山)、若江線(近江今津~小濱)	區間內路線巴士 天橋立觀光船(宮津碼頭~天橋立碼頭~一之宮碼頭) 伊根灣遊覽船 天橋立傘松公園纜車(府中站~傘松站) 成相寺登山巴士(傘松~成相寺)	京都丹後鐵道全線普通車、快速列車、特急列車
價格	1天¥2800　2天¥4800 3天¥5800　4天¥7000	5天¥12000	2天¥3500	1天¥2500
有效時間	連續1/2/3/4日	連續5日	連續2日	1天內
使用需知	·無法搭乘新幹線 ·僅能搭乘自由席 ·可搭乘關空特急Haruka自由席	·僅能搭乘自由席，否則需另購買特急/指定席券 ·可搭乘關空特急Haruka自由席 ·無法搭乘東海道新幹線(新大阪~東京)、山陽新幹線(岡山~博多) ·可在奈良駅、米原駅、彥根駅、近江八幡駅、石山駅、神戶駅、和歌山駅、白浜駅等站免費租用「車輪君」自行車	·不可搭乘丹後鐵路 ·區域內的路線巴士包括：宮津市·京丹後市·伊根町·與謝野町區間 ·持此票卷，所有交通方式都可以在日期內無限搭乘 ·天橋立傘松公園纜車、成相寺登山巴士為來回各一次 ·本票券不包涵成相寺的入山費	·可搭乘特急指定席。直接上車後坐空位，並遵循車掌指示即可。 ·如果要確保一定有位置坐，必需另購指定席券。 ·購票日後一個月內使用即可 ·用此券搭乘觀光列車需另購買乘車整理券
售票處	京都、新大阪、大阪、三之宮、關西機場、奈良、和歌山等各站的JR售票處，或在網站、旅行社購買，到日本再至窗口領取票券	京都、新大阪、大阪、三之宮、關西機場、奈良、和歌山、福知山、岡山等各站的JR售票處，或在網站、旅行社購買，到日本再至窗口領取票券	天橋立棧橋、一的宮棧橋、成相營業所府中站、バス營業所	福知山、大江、西舞鶴、丹後由良、栗田、宮津、天橋立、與謝野、京丹後大宮、峰山、網野、夕日浦木津溫泉、小天橋、久美濱、豐岡等站
官網	www.westjr.co.jp/global/tc/ticket/pass/kansai/	www.westjr.co.jp/global/tc/ticket/pass/kansai_wide/	www.tankai.jp/tourist_tickets/#tangoamainefree	trains.willer.co.jp/planned_ticket/
購買身分	非日本藉旅客，購買需出示護照。	非日本藉旅客，購買需出示護照。	誰都可以	誰都可以

海之京都

海之京都的東西南北馬上看懂

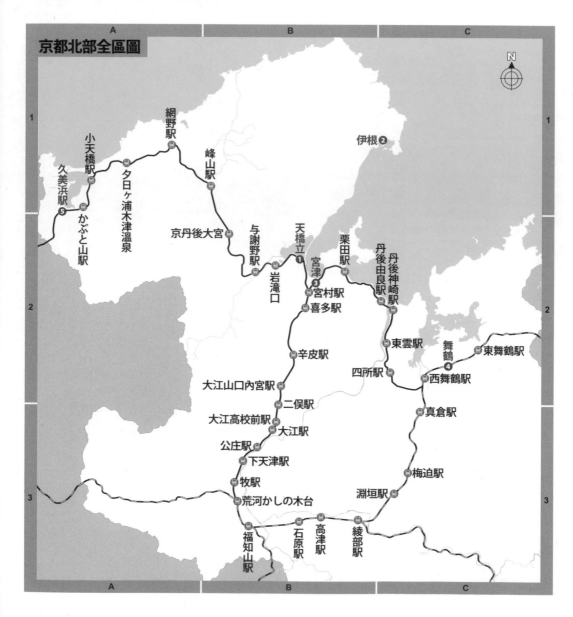

京都北部全區圖

久美浜駅 ⑤
小天橋駅
夕日ヶ浦木津温泉
かぶと山駅
網野駅
峰山駅
京丹後大宮
与謝野駅
岩滝口
天橋立 ①
宮津 ③
宮村駅
喜多駅
栗田駅
丹後由良駅
丹後神崎駅
東雲駅
伊根 ②
舞鶴 ④
東舞鶴駅
西舞鶴駅
四所駅
真倉駅
辛皮駅
大江山口內宮駅
二俣駅
大江高校前駅
大江駅
公庄駅
下天津駅
牧駅
荒河かしの木台
梅迫駅
淵垣駅
綾部駅
福知山駅
石原駅
高津駅

N

我要住哪一區最方便？

❶天橋立：
現存最早的天橋立遊記寫於三百多年前，可說是歷史悠久的觀光名勝。來到這裡，不妨入住溫泉旅館，感受京都純正的日式風情，清晨、傍晚人少時到沙洲散步，最能體驗古詩中的美景意境。

❷伊根：
舟屋特殊的構造，很推薦一定要入住一晚才能體會。沿岸而造的小聚落古樸簡單，沒有過多的聲光娛樂，但品嚐著當地的漁師料理，聽著海浪拍打的聲響入眠，忘卻煩憂的天堂不過如此。

❸宮津：
這裡是丹後鐵道的重要站點，連接宮津線和宮福線，提供便利的交通服務，特別是前往天橋立，若沒搭到直達車，就得在這裡轉車。也設有多條巴士路線，方便乘客前往周邊各大景點。

❹東西舞鶴：
若狹灣沿岸城鎮的發展歷史相當悠久，一直都是大自然的寶庫，孕育出多元而豐富的美味食材。舞鶴以軍事港口興盛，現在更發展觀光，成為軍事迷的必訪聖地。

❺久美浜：
想要玩京丹後地區，一定不能錯過這一帶的溫泉旅館。以久美浜為據點，利用丹後鐵道前往各地都很方便。尚然也很適合連接兵庫縣的豐岡、城崎溫泉等觀光景點，想深入玩就一同安排行程吧！

海之京都

舞鶴 熱門景點 一日串聯行程

海之京都　紅磚公園　五老塔
海鮮　軍事港

來到舞鶴不能錯過的就屬海鮮市場裡每天新鮮活跳的漁獲，現抓現煮的鮮味令人一吃上癮；舞鶴是日本海上自衛隊的駐紮地外，也利用現有的軍事港口、20世紀初的海軍建築、國家指定文化財「紅磚倉庫群」等發展觀光活動，因而成為軍事迷的必訪聖地。

早
09:30 東舞鶴駅
10:30 舞鶴紅磚公園
　　　舞鶴港遊纜船

午
咖啡jazz／午餐
14:00 五老Sky Tower
15:45 吉原地區
16:30 舞鶴港海鮮市場

晚
18:00 漁源／晚餐
19:30 西舞鶴駅

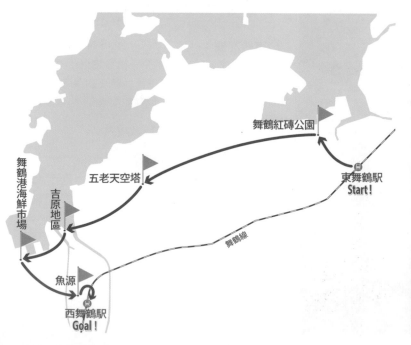

舞鶴紅磚公園

五老天空塔

舞鶴港海鮮市場

吉原地區

舞鶴線

東舞鶴駅
Start !

魚源

西舞鶴駅
Goal !

豐富多元的港濱文化
玩賞海之京都的無限風華

Point! 東舞鶴、西舞鶴重點行程在一天跑完

Start!

🚌 京都駅
JR線

8:30
¥4370

搭8:38發往東舞鶴的特急列車

電車
1小時33分

🚌 東舞鶴駅
JR線舞鶴線

10:11

北口出站走千代田通

步行
20分

Tips 以舞鶴名產「魚板」底下的木板作為通票，這張票不但是舞鶴市內的巴士一日乘車券，更可以免費參觀紅磚博物館、舞鶴引揚記念館、五老天空塔等設施，還能集點換取免費紀念品，超級划算。

(販賣地點) 東舞鶴ticket counter、西舞鶴駅前案內所、紅磚博物館、舞鶴智惠藏、舞鶴Bay Plaza(商工觀光中心)、舞鶴觀光中心 (JR西舞鶴駅1F) (價格) 成人¥1000，小孩¥500

10:30

舞鶴港遊覽船

停留時間
1小時

巡遊舞鶴港一周約30分，現役軍艦近在眼前，軍艦工廠的作業情況、四周的鐵工廠等，每一個角度都讓軍事迷興奮不已。由於不接受個人預約，想要搭船的話在發船前30分左右直接到乘船處等待即可。

(地址) 乘船處位在紅磚博物館前方 (時間) 週六日例假日一天6班10.00~15.00，週一～五 一天3班 (詳見官網) (休日) 週二、三，年末年始 (價格) 國中生以上¥1300 (網址) www.maizuru-kanko.net/recommend/cruise/

步行
1分

上下船處就在紅磚博物館附件

11:30

舞鶴紅磚公園

停留時間
30分

舞鶴作為軍港發展造就了當地特殊的人文風情，想要完整了解舞鶴軍港的文化背景，來到這裡就沒錯。港邊的紅磚倉庫建造於明治至大正時代，曾是海軍所屬，平成24年(2012年)則改建成博物館、市政紀念館、餐廳、物產店，是舞鶴港邊超越時空的存在。

(地址) 京都府舞鶴市字北吸1039-2 (時間) 紅磚博物館9:00~17:00(入館至16:30) (休日) 12/29~1/1、設備檢修日 (價格) 紅磚博物館成人¥400

海之京都

步行 1分 位在紅磚公園內

12:00

海軍カレー(海軍咖哩)¥800

停留時間 50分

Café Jazz

紅磚倉庫2號棟(市政記念館)建於明治35年(1902),原本為舊海軍武器工廠的倉庫,現在則規劃為展示空間並進駐咖啡餐廳。這裡可以品嚐從海軍食譜中再復刻出來的「咖哩飯」與「馬鈴薯燉肉蓋飯」等復古海軍料理。若不餓想要坐下來歇歇腿,也可以喝咖啡吃甜點,氣氛很不錯。

地址 舞鶴紅磚公園 市政記念館1F
時間 10:00~17:00,週六例假日9:00~17:00
休日 週三

¥200 巴士 8分 至「市役所前」站搭13:14發往五老岳的京都交通巴士

13:22 五老岳公園口 京都交通巴士

步行 40分 從公園入口輕鬆登山

山頂上的高塔能欣賞舞鶴灣美麗的海岸線

14:00

停留時間 30分

五老Sky Tower

五老岳位在舞鶴的中央位置,從山頂望向港灣的風景被選為近畿百景的第一名,湛藍大海與蜿蜒的綠色海岸,絕美不輸天橋立。來到山頂公園就能看到美景,但若想要看得更遠,還可以登上海拔325m的五老Sky Tower展望室,咖啡廳餐點也是公認的美味,美景美食讓人流連忘返。

地址 京都府舞鶴市上安237
時間 9:00~19:00,週六日例假日至21:00
價格 ¥300 網址 goro-sky.jp/

沿原路回「五老岳公園口」站,搭15:22往西舞鶴駅的巴士

¥250 巴士 7分

15:29 広小路 京都交通巴士

沿著運河散步至水無月橋

步行 13分

15:45

停留時間 10分

舞鶴吉原地區

吉原地區位在舞鶴的北端,因為運河造成狹長的地型,又被分為東西兩部分。沿著運河而建造的房舍與接臨停泊的船隻,形成美麗的水鄉風景,也點出了這個地區漁業興盛的榮景。從水無月橋這裡欣賞的角度最是經典。

地址 京都府舞鶴市字吉原 時間 自由參觀
注意 附近為住宅區,參觀時請放低聲量

步行 30分　沿著舞鶴港散步

16:30

舞鶴港海鮮市場

停留時間 **1小時**

舞鶴港海鮮市場裡有一般的海產、土特產，也有餐廳提供美味料理，有點像道路休息站，是日本人開車來遊玩時必訪的景點。這裡最大的特色就是可以買碗白飯、味噌湯，端到市場裡直接請店家把海鮮放在你的碗裡，變成最鮮的海鮮丼！

地址 京都府舞鶴市字下福井905
時間 9:00~18:00
休日 週三、不定休
(詳見官網)
網址 toretore.org

從「舞鶴港とれとれセンター前」站搭17:38往西舞鶴車站的大江線，在「西舞鶴駅前」下車

¥200 巴士 10分

魚源 西舞鶴店

18:00

停留時間 **1.5小時**

舞鶴必嚐最鮮的時令海鮮！來到位在西舞鶴駅附近的魚源，熱絡的居酒屋氛圍，想得到的當季海鮮都有提供，料理方式十分豐富，怎麼吃也不會膩。當然，喜歡小酌的人別錯過店家精選的清酒，從甘口到辛口一應俱全！

地址 京都府舞鶴市字引土263-18
時間 11:00~14:00，17:00~23:00
休日 週四
價格 魚源定食￥2170
網址 www.totogen.net/

步行 1分　車站在附近

19:30

🚌 **西舞鶴駅**
JR舞鶴線

¥3420 電車 1小時32分　搭19:47發的普通車至「綾部」駅轉乘10:14發的特急橋立10號

21:19

🚌 **京都駅**
JR線

Goal !

海之京都

日本三景之天橋立 一泊二日

伊根舟屋　天橋立　白砂青松　遊覽船　觀光列車

京都市區並不靠海,但是一路北行,就能抵達日本海一側的丹後半島,天橋立便位在此處。距離天橋立約一小時車程的伊根,以獨特的舟屋景觀聞名。因為地處偏遠,這裡還保留著遺世獨立的傳統村落氣氛。

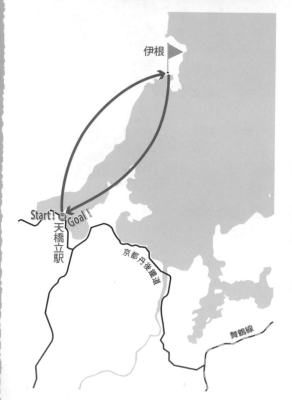

伊根

Start!
Goal！
天橋立駅

京都丹後鐵道

舞鶴線

DAY1

早　**10:00** 京都駅
12:40 天橋立
天橋立view land

午　橋立茶屋／午餐
傘松公園

晚　**17:59** 伊根
與謝莊 舟屋

DAY2

早　**9:00** 向井酒造
伊根灣遊覽船

午　**11:27** 天橋立
智恩寺
勘七茶屋
16:06 京都駅

連接兩大獨特美景
最不像京都的世外桃源

DAY1

Point! 挑戰兩天一夜的
京都近郊行～

Start!

Tips 前往京都北部的兩天一夜小旅行，盡可能減少行李，大行李箱不妨就先寄放在京都車站裡吧！

京都駅 JR線

10:00

¥5000
電車 2小時10分

搭10:25發車的特急
はしだて指定席

天橋立 丹後鐵道

12:35

步行 4分

出站後第一個路口右轉

12:40

天橋立view land

停留時間
1小時

天橋立View Land是一個多方位的遊樂園，由於從這裡看出去的天橋立像昇天飛龍，故又暱稱這裡望出去的景色為「飛龍觀」。除了可以展望美景之外，這裡也有一些遊樂設施，像是緩緩轉動的摩天輪、高架腳踏軌道車，都是可以更高一層欣賞天橋立美景的設施。

(地址) 京都府宮津市天橋立文珠
(時間) 9:00~17:00，依季節變動
(價格) 入園+登山纜車來回¥850
(網址) http://www.viewland.jp/

飛龍觀迴廊(飛龍観回廊)

從天橋立View Land看到的天橋立景色已經夠美了，但天橋立View Land更在園內建了座高台，讓人可以更上高點觀賞美景。站上飛龍回廊看得更遠，又為免費設施，很受歡迎。

自行車 5分

回車站前租借，騎至松並木即達

14:00

Tips 天橋立一帶的腳踏車租借大多都是2小時以內¥400，超過2小時後每小時多¥200，也有提供優惠價，或是雙人腳踏車，不妨在車站、天橋立棧橋一帶走走晃晃，貨比三家不吃虧。

海之京都

橋立茶屋 14:00

停留時間 1小時

紅傘、木椅及充滿日式風格的建築，不論中午用餐或是散步途中來喝杯茶、吃份糰子，都很適合。店內名物是新鮮蛤蜊做的丼飯和黑竹輪。

時間 10:00~17:00　休日 週四(夏季無休)　價格 あさり丼(蛤蜊丼)￥1100

網址 www.hashidate-chaya.jp/

品嘗來自日本海的鮮甜滋味：蛤蜊丼飯。

自行車 15分

把車騎到「一之宮棧橋」附近還車，走至元伊勢籠神社後即是

15:30 傘松公園

停留時間 1小時50分

「傘松」名字的由來是位在台地上的兩株老松樹遠看像兩把傘一樣，因而取名傘松。搭乘纜車登上傘松公園可以一眼望盡天橋立的美景，望去的天橋立呈現斜斜的一劃，故又被稱為「斜め一文字」。

地址 京都府宮津市大垣75

時間 9:00~17:30，依季節變動

價格 登山車來回￥680　網址 www.amano-hashidate.com/

低下頭從兩腳之間反著看天橋立的動作叫作「股のぞき」，這麼做就會發現天橋立真的就好像橋在天上的橋一樣呢！

17:28分在「天橋立ケーブル下」站搭丹後海陸交通巴士

￥200

巴士 31分

伊根 丹後海陸交通巴士 17:59

Tips

丹後天橋立伊根フリー是一張可以在期限內無限次搭乘範圍內路線巴士、觀光船、遊覽船的車票，如果想要兩天內玩遍所有大小景點，才會划算。　使用期間 連續2日　購買地點：天橋立棧橋乘船處、一之宮棧橋乘船處、府中駅　價格 成人￥3500

網址 **www.tankai.jp**

與謝莊 舟屋

18:00

伊根目前保存下來的舟屋約有230棟，其中約有10多家經營民宿。舟屋是日本難得的水邊船屋，二層樓的木造房屋就沿著海灣而建，二樓就是住家，一樓是漁民停泊船隻的倉庫。現在可以來此體驗住宿，感受不同一般旅館的風情。

地址 京都府与謝郡伊根町字平田507 時間 check in20:00，check out 10:00
價格 一泊二食14300起

Stay!

住宿推薦

鍵屋

鍵屋是連在地人也大力推薦的優值民宿。1樓改為客廳，2樓起居室則改為房間與交誼庭，小小的空間每天只接待一組客人，可以盡情享受寧靜的舟屋住宿體驗。

地址 京都府与謝郡伊根町字亀島864
時間 Check in 15:00，Check out 10:30
網址 www.ine-kagiya.net

順遊推薦

舟屋日和

舟屋日和改建自傳統舟屋及其一側的母屋，以觀光交流設施之姿，為造訪伊根的遊人打造出一個能夠快速認識伊根的環境。常設的咖啡INE CAFÉ與餐廳鮨割烹海宮也提供面向伊根灣的無敵海景座位，讓人感受最美的一刻。

地址 京都府与謝郡伊根町字平田593-1
時間 鮨割烹 海宮11:30~14:30，17:00~21:30；INE CAFÉ 11:00~17:00 休日 週三
網址 funayabiyori.com/

伊根工房 ギャラリー舟屋

由陶藝家倉攸佳衣開設的伊根工房就位在由舟屋改造的房舍之中，除了作為工作室之外也展示陶藝作品，許多諧趣的陶藝品與陶杯陶盤，溫潤的光澤讓舟屋裡的時間似乎也變慢了。

地址 京都府与謝郡伊根町字亀島848 時間 10:00~15:00 休日 週二
價格 藝廊可免費參觀，舟屋見學(含咖啡)¥500

伊根主要景點旁有放置免費腳踏車，騎完記得歸還。

DAY2

Start！

9:00

<table>
<tr><td>步行
1分</td></tr>
</table>

往回走過站牌即達

停留時間 20分

向井酒造

9:05

創業於1754年的伊根老牌酒蔵。後來更因為女兒久仁子回家接手，引起不小的話題。她使用紫米釀出的原創酒「伊根滿開」口感酸甜溫潤，獨特的口味引起各方讚譽。

時間 9:00~12:00，13:00~17:00 價格 伊根滿開720ml￥2090

網址 www.kuramoto-mukai.jp/

嚐起來像紅酒，竟然是由米所釀造！

￥150

<table>
<tr><td>巴士
4分</td></tr>
</table>

從「伊根」站搭9:30發的車至「伊根湾めぐり日出」下

伊根灣遊覽船

10:00

停留時間 30分

一趟航程約30分鐘，船會繞行伊根灣一圈，不但會經過為伊根灣擋住外好風浪的島嶼青島，更能飽覽整個伊根灣內的舟屋風景。不只如此，沿岸風景悠美，飛翔在船尾的海鷗搶食遊客手上的飼料，也是另一種風趣。

時間 9:00~16:00，每小時的整點與30分發船

休日 1/16~2/28的平常日 價格 ￥1000

網址 www.inewan.com/#kankousen

巡遊伊根灣從海上欣賞伊根最經典的舟屋風景。

從「伊根湾めぐり日出」站搭10:34發的車至「天橋立駅」下

¥400
巴士
53分

11:27
天橋立
丹後鐵道

步行
1分

下車即達

傳說撿到三支松針連起的「三鈷の松」，就能得到幸福。

11:30

智恩寺

停留時間
1小時

智恩寺供奉的文殊菩薩在日本人心目中是充滿智慧的象徵，在日本全國總共有三大供奉文殊菩薩的地方，稱做日本三文殊，故智恩寺別稱文殊堂。其木造建築保存著簡樸恢弘的古風，因為這裡有護佑學子智慧增長的傳說，寺廟販賣的護身符中，有個造型特殊的「知惠輪」是保佑聰慧。

地址 京都府宮津市字文珠466
時間 自由參觀

步行
1分

出寺門即達

12:30

勘七茶屋

停留時間
1小時

位於智恩寺正對面的堪七茶屋隸屬於旅館文殊莊，創業於1690年，是寺前「四軒茶屋」，也就是唯「四」獲准能在寺廟前販賣智恵餅的老舖之一。傳說文殊菩薩將智慧託付在餅上，吃過的人能夠讓智慧倍增，是前來參拜的人一定不能錯過的名物。

地址 京都府宮津市文珠471-1
時間 8:00~17:00 休日 不定休
價格 智恵の餅3個(智慧之餅)¥300
網址 monjusou.com/group/chaya/

順遊推薦

ちとせ茶屋

除了勘七茶屋，ちとせ茶屋的智慧餅依古法製作，選用當地的的丹波米，紅豆的香氣濃厚。記得麻糬不能久放，要儘快食用喔！

地址 京都府宮津市字文珠472-1 時間
11:00~18:00 休日 不定休 價格 智恵の餅3個(智慧之餅)¥450

步行
3分

沿參道走即達車站

13:30
天橋立駅
丹後鐵道

¥5000
電車
2小時19分

搭13:47的特急橋立4號

16:06
京都駅
JR線

Goal！

海之京都

京丹後 海之京都
二日樂活漫遊

 金刀比羅神社　狛貓　桑拿
 豪華露營　海灘夕陽

京丹後市是京都府最北端的一個區域，其轄區涵蓋丹後半島西半側，西部沿海地區屬於山陰海岸國立公園。由於區域十分廣闊，建議可以利用丹後鐵道前往，以「久美浜」、「峰山」為遊玩據點，入住「夕日ヶ浦木津溫泉」附近的溫泉設施。

DAY1

早
07:30 京都駅
09:56 峰山駅
　　　金刀比羅神社

午
　　　aun／午餐
　　　米糠與湯煙
17:59 夕日ケ浦木津溫泉駅
15:11 Glamprouge yuhigaura
　　　夕日浦海水浴場

晚

DAY2

早
10:25 久美浜駅
　　　丹後澤西牧場 牛奶工房sora

午
　　　かぶとやま展望台
　　　木下酒造
　　　豪商稻葉本家

晚
19:07 京都駅

夕日ケ浦木津溫泉駅

峰山駅

京都丹後鐵道

Goal！
久美浜駅

Start！
天橋立駅

人少景美
北近畿最後一塊世外桃源

·DAY1

Point! 丹後鐵道班次不多,最好先看準時刻表以免浪費時間。

Start!

京都駅
JR線

7:30

搭7:32發車的特急城崎1號指定席

¥3250
電車
1小時15分

福知山駅
丹後鐵道

8:47

搭8:55發車的特急丹後リレー1號指定席

¥2400
電車
1小時1分

峰山駅
丹後鐵道

9:56

峰山駅前搭10:18發的丹後海陸交通巴士

¥200
巴士
6分

金刀比羅神社前
丹後海陸交通巴士

10:24

下車即達

步行
1分

提供狛貓繪畫體驗,可以將自己畫好的貓供奉在神社前。

10:30

貓的由來

丹後是織布「縮緬」的發源地,早期養蠶十分盛行,但老鼠橫行,對產量有十分大的影響,於是人們便開始養貓驅趕鼠類。而木島神社的祭神即是織布養蠶的神明,順理成章地,其使者便是貓了。木島神社建成時,地方的蠶絲商人便在神社前奉上一對狛貓,面對神社,左側是抱著小貓的母貓,右側則是威風凜凜的公貓,十分珍貴,全日本難得一見。

停留時間
1.5小時

金刀比羅神社

金刀比羅神社主祭讓人「願望成真」的大物主大神,要參拜得登上社前120階樓梯,一路清幽,途中還可以在境內木島神社的小拜殿前看到兩尊「狛貓」,這可是日本唯一,別忘了停下來拍張照留念。

地址 京都府京丹後市峰山町泉1165-2 **時間** 自由參拜,社務所8:00~18:00

網址 konpirasan.com

海之京都

走府道17號即達，在KISSUIEN
Stay&FOOD裡

步行 10分

12:00

想要變美的女性一定不能錯過特殊的米糠酵素風呂。

停留時間 1小時

米糠與湯煙 酵素風呂&桑拿

　京丹後的吉岡醫生在治療眾多患者時，發現大多數人都有自律神經失調的問題，因為希望打造一個能利用熱療溫浴改善體質的設施，於是引進了100%米糠浴，將身體埋入米糠中，利用發酵所產生的熱能達到身體最深層的溫熱效果，加上米糠特有的酵素，泡完皮膚光滑柔嫩，很受女性歡迎。

地址 京都府京丹後市峰山町杉谷941-1 時間 6:00~24:00，需預約時段再前往 休日 週四 價格 米糠酵素風呂20分¥5500，桑拿1.5小時¥1650~2640（依時段不同） 網址 nuka-yuge.com

就在隔壁

步行 1分

13:00

KISSUIEN Stay&FOOD

停留時間 1小時

　吉翠苑原本是以聚餐活動為主要業務的宴會館，近年全面翻修，以住宿&美食為主調。特別的是餐廳「aun」以健康為出發點，只使用京丹後的優良食材與最簡單的烹調，卻神奇的十分美味，讓人怎麼吃都不會膩。午餐就在這裡享用吧！

地址 京都府京丹後市峰山町杉谷943
時間 Check In15:00～，Check Out～10:30
價格 單人房¥7000起
網址 kissuien.jp

步行 10分　出飯店往左手直走即達

14:30

¥950

🚌 峰山駅
丹後鐵道

電車 14分　搭14:57發車的特急はしだて指定席

15:11

🚃 夕日ヶ浦木津溫泉駅
丹後鐵道

住宿提供接送，需事先預約

開車
5分

15:30

glamprouge夕日浦

充滿開放性、約9000坪的廣闊場地上，只有10棟豪華帳棚建築，讓人徹底感受與世隔覺的渡假感。一切設備、餐食都由管家打點好，入住後可以在這裡漫步，欣賞地平線上美麗的日落，夜晚也可以升起營火數著星空下的流星。奢華的露營體驗，只有在海邊的京丹後才能體驗得到。

（地址）京都府京丹後市網野町浜詰256-1
（時間）Check In15:00～，Check Out～10:00
（價格）2人帳￥22700起／1人
（網址）www.kyoto-glamping.com/

Stay!

住宿推薦

旅館 靜花扇

靜花扇是京丹後知名的高級旅館，尤其是別館的客房，窗外的天空和大海盡收眼底，彷彿漂浮在海面上一般。能眺望大海的露天風呂很受歡迎。另外針對女性顧客提供例SPA、岩盤浴、彩色浴衣等服務，還有使用膠原蛋白的兼顧美感的菜餚和甜點等，都是人氣不墜的原因。

（地址）京都府京丹後市網野町浜詰767
（時間）Check In15:00～，Check Out～11:00
（價格）一泊二食￥16500起
（網址）www.hanaogi.jp

順遊推薦

夕日浦海水浴場

夕日浦海水浴場與小天橋相鄰，一片長約8公里的潔白沙灘，因為沙質細緻，海水透明度高，與周遭高大的松樹被選為日本白沙青松百景。正如其名這裡也是欣賞夕陽的熱門地點。最近IG上熱門的打卡點，正是以漂流木設置的海灘鞦韆「Yurari」，帶來許多人潮。

（地址）京都府京丹後市網野町浜詰
（時間）自由參觀，海水浴只在7-8月開放

海之京都

· DAY2

Start!

9:50

住宿提供接送,需事先預約

| 開車 5分 |

10:00 ￥300

夕日ケ浦木津溫泉駅
丹後鐵道

搭10:11發往豐岡的普通車

| 電車 14分 |

10:25

久美浜駅
丹後鐵道

出站右轉至海邊,走國道178號即達

| 自行車 15分 |

Tips

在車站旁的觀光案內所也提供自行車租借。
價格 一般自行車400/1日,電動自行車1500～2000/1日,詳細請洽工作人員。

11:00

丹後澤西牧場 牛奶工房 空

| 停留時間 30分 |

位在風光明媚的久美浜灣旁,丹後澤西牧場在大自然中生產美味的牛奶,並且友善對待乳牛,完善飼育環境,並發展成為親子共遊的觀光牧場。牧場內也設置了牛奶工房,讓遊客可以直接購買澤西牛乳製成的各式商品,品嚐其美味。

就在牧場裡

| 步行 1分 |

地址 京都府京丹後市久美浜町神崎411

時間 10:00~17:00 休日 週四

價格 自由見學,霜淇淋￥440,義式冰淇淋(杯裝)￥330 網址 www.tango-jersey.co.jp

| 停留時間 30分 |

薪窯Pizza

11:30

只在假日午餐時段提供的薪窯Pizza,麵皮使用地道的意大利麵粉加入少許丹後米粉,口感有嚼勁,再加入大量自家產的天然起司,搭配意大利進口窯爐和國產柴火烤製的披薩,香氣誘人。而依據季節不同,也會使用附近農場種植的蔬菜加入批薩,創造出季節限定口味。

時間 周末、例假日11:00~14:30

休日 週一～週五 價格 馬格麗特￥1240

可以實際走入牧場,近距離觀察了解乳牛的飼養情況。

沿原路往回騎至兜山公園，從這側登山約30分
能至展望台

自行車
10分

久美浜灣的細長沙洲，因像日本三景之一的天橋立，而被命名為「小天橋」。

かぶとやま展望台

13:00

停留時間
30分

外觀是對稱的錐形山體的兜山，因其外觀像日本武士的頭盔（兜），而被命名。位處於久美浜灣沿岸，海拔191.7公尺，山頂上設有觀景台，從兜山公園沿著登山步道走往山頂，路程約20分鐘。近年才新整備好的的觀景台十分舒適，可一覽久美浜灣。

地址 京都府京丹後市久美浜町甲山　時間 自由參觀　備註 登山口至山頂約需20-30分

自行車
10分

下山回公園，騎往兜山站之前即達

木下酒造

14:00

停留時間
30分

創立於1842年的木下酒造以清酒「玉川」聞名。而不甘於傳統，第一個外籍杜氏Philip Harper進行開發「生酒」及「天然酵母酒」的產品，讓近代的產品又有「天然清酒」的稱號，其獨特的風味而為木下酒造贏得了不少死忠粉絲。

地址 京都府京丹後市久美浜町甲山1512
時間 9:00~17:00　休日 年末年始　價格 國中生以上¥600　網址 www.sake-tamagawa.com

自行車
10分

沿著國道178號騎

停留時間
1.5小時

豪商稻葉本家

15:00

稻葉本家是織田信長家臣美濃稻葉家的後裔，現在開放參觀的母屋，是第十二代當家從明治18年起花費5年建造，平入切妻式的二樓建築保留不少當時的建築特色，現在已被指定為文化財。

地址 京都府京丹後市久美浜町3102
時間 9:00~16:00　休日 週三　價格 自由參觀
網址 www.inabahonke.com/

自行車
5分

順著府道11號直行即達

16:20

久美浜駅
丹後鐵道
¥5330

電車
2小時45分

搭16:22往豐岡的普通車至「豐岡」站轉16:42的特急城崎指定席

19:07

京都駅
JR線

可以在附設的喫茶「吟松亭」品嚐美味的餐點

海之京都

Goal！

THEME 60

超簡單！關西近郊排行程

5大區域 27條路線 250⁺食遊購宿
一次串聯！
1～2日行程讓新手或玩家都能輕鬆自由行

作者墨刻編輯部
攝影墨刻編輯部
主編呂宛霖
美術設計許靜萍·駱如蘭·羅婕云
封面設計羅婕云
地圖繪製墨刻編輯部·羅婕云

出版公司
墨刻出版股份有限公司
地址：115台北市南港區昆陽街16號7樓
電話：886-2-2500-7008／傳真：886-2-2500-7796／
E-mail：mook_service@hmg.com.tw
發行公司
英屬蓋曼群島商家庭傳媒股份有限公司城邦分公司
城邦讀書花園：www.cite.com.tw
劃撥：19863813／戶名：書虫股份有限公司
香港發行城邦（香港）出版集團有限公司
地址：香港九龍土瓜灣土瓜灣道86號順聯工業大廈6樓A室
電話：852-2508-6231／傳真：852-2578-9337／
E-mail：hkcite@biznetvigator.com
城邦（馬新）出版集團 Cite (M) Sdn Bhd
地址：41, Jalan Radin Anum, Bandar Baru Sri Petaling,
57000 Kuala Lumpur, Malaysia.
電話：(603)90563833／傳真：(603)90576622／
E-mail：services@cite.my
製版·印刷
凱林彩印股份有限公司
ISBN978-626-398-028-0·978-626-398-027-3（EPUB）
城邦書號KX0060 **初版**2024年6月
定價420元
MOOK官網www.mook.com.tw
Facebook粉絲團
MOOK墨刻出版 www.facebook.com/travelmook
版權所有·翻印必究

執行長何飛鵬
PCH集團生活旅遊事業業總經理暨墨刻出版社長李淑霞

總編輯汪雨菁
資深主編呂宛霖
採訪編輯趙思語·李冠瑩
叢書編輯唐德容·林昱霖
資深美術設計主任羅婕云
資深美術設計李英娟
影音企劃執行邱茗晨

資深業務經理詹顏嘉
業務經理劉玫玟
業務專員程麒
行銷企畫經理呂妙君
行銷企畫主任許立心
行政專員呂瑜珊

印務部經理王竟為

國家圖書館出版品預行編目(CIP)資料

超簡單！關西近郊排行程：5大區域x 27
條路線x250+食購遊宿一次串聯！1～2日
行程讓新手或玩家都能輕鬆自由行／墨刻
編輯部 作; -- 初版. -- 臺北市：墨刻出版股
份有限公司出版：英屬蓋曼群島商家庭傳
媒股份有限公司城邦分公司發行, 2024.6
192面；16.8×23公分. -- (Theme；60)
ISBN 978-626-398-028-0(平裝)

1.旅遊 2.日本關西

731.7509   113007442